情绪价值

把你的情绪变得有价值

[日] 石原加受子 —— 著

沈英莉 —— 译

北京日报出版社

图书在版编目（CIP）数据

情绪价值：把你的情绪变得有价值/（日）石原加受子著；
沈英莉译. — 北京：北京日报出版社，2022.6（2023.8重印）

ISBN 978-7-5477-4198-6

Ⅰ.①情… Ⅱ.①石…②沈… Ⅲ.①情绪 – 心理学
– 通俗读物 Ⅳ.①B842.6-49

中国版本图书馆CIP数据核字(2021)第256954号

北京版权保护中心外国图书合同登记号：01-2022-1393

KANJO WA CONTROL SHINAKUTE II
Copyright © K. Ishihara 2020
Chinese translation rights in simplified characters arranged with
Nippon Jitsugyo Publishing Co., Ltd.
through Japan UNI Agency, Inc., Tokyo

情绪价值：把你的情绪变得有价值

责任编辑：秦　姚
监　　制：黄　利　万　夏
营销支持：曹莉丽
装帧设计：紫图装帧
出版发行：北京日报出版社
地　　址：北京市东城区东单三条8-16号东方广场东配楼四层
邮　　编：100005
电　　话：发行部：(010) 65255876
　　　　　总编室：(010) 65252135
印　　刷：艺堂印刷（天津）有限公司
经　　销：各地新华书店
版　　次：2022年6月第1版
　　　　　2023年8月第2次印刷
开　　本：880毫米×1230毫米　1/32
印　　张：6
字　　数：90千字
定　　价：55.00元

你是否错过了让人生变好的"情绪信号"？

有些人总是莫名地讨厌负面情绪，有些人被自己的情绪所左右，为了控制负面情绪而苦恼不已。

习惯了忍耐的人，即使产生了负面情绪，也会试图拼命地压抑和忍受。更甚者，那些一直处于负面情绪之中、消极悲观的人，或许对于感受悲喜早已迟钝、麻木了。

这些人的共同之处在于，他们内心缺乏感受正面情绪的能力。如果人们对于感受不同的情绪变得迟钝，情绪也会同时失去了其正面的、有价值的部分。无论幸福、快乐还是满足，都是属于积极正面的情绪感觉。失去了正面情绪，不就等于生活在枯燥无味的世界里吗？

控制情绪、压抑情感、保持忍耐，如果这样持续下去，你会逐渐丧失个性和自我，这真的非常可惜。为什么呢？因为对所有人来说，负面情绪都是有价值的。负面情绪是在"你自己不爱自己"的时候，才会感受到的情绪。

换句话说，负面情绪是我们在潜意识里为了保护自己，或者说是为了爱自己。正因为如此，我们才应该把负面情绪视为对我们有用的、有价值的情绪，和它交朋友，而不是控制它、压抑它。

只有这样，你才能更好地爱自己，让自己不断成长。

石原加受子

二〇二〇年五月

第2章 **试着不再忍耐，**
以自己为优先

第**3**章 爱比较没关系，
但要越比越有成果

第**4**章

破除爱慕虚荣的假象，
你会越来越优秀

第5章 **正视不安，
就能勇敢行动**

第7章 跟情绪做朋友，把你的情绪变得有价值

第 1 章

生气情绪不压抑，
人际关系反而变得更好

1 情绪，
是用来认识自我的信息

● 情绪的产生是有原因的，搞清楚你为什么生气

人们常常会有意无意地压制自己的情绪，克制自己的愤怒。

很多人都理所当然地认为愤怒应该被管理和控制。然而，大部分人都没有察觉到这一点——自己正在有意或无意地压抑着自己的情绪和愤怒。

每当我听到有人说要控制自己的愤怒时，都觉得这些正在试图压制愤怒的可怜人既不会自我宽慰，也不会适当转移注意力，他们还在一味地画地为牢，还没有走出"情绪需要控制"的错误认知。

无论是负面情绪还是正面情绪，任何情绪的产生都不是

无缘无故的。

因为某种原因才会产生某种情绪。

一般而言，如果发生了对自己来说是好的事情，情绪就会变得积极正面。

如果发生了对自己来说是不好的事情，情绪就会变得消极负面。

通过情绪，你可以知道在自己身上发生了什么。由此，便可以对照找出到底哪里出了问题。

不同的情绪可以帮你找出自身存在的问题，所以过分压抑、控制情绪都是不合理的。

情绪是身体反馈给我们的某种"信息"。

比如，你对眼前的人大吼大叫，其中一个原因可能是对方惹你生气了。

不过，你冲他吼也未必完全是因为他做错了什么事，也许是其他人或其他事在此之前已经惹怒了你，而你只是刚好把气撒到了眼前这个人身上而已。

也可能，根本原因是你对人或社会的认知出现了偏差，或者自己本身就是消极的，所以对任何事都会生气。在这种消极意识的支配下，如果把别人或者社会当作"敌人"，就会认为自己一直是"遭到攻击"的受害者。

如果你一开始就对他人和社会抱有消极的心态，那么无论你被如何对待，即便别人是善意的，也可能会被你认为是恶意的。

● 表达情绪也是有目的的，发怒更容易让人顺从

情绪的产生是有"原因"的，或者，从无意识的角度出发，无论是负面情绪还是正面情绪，都是有"目的性"的。就算是无意间发出的情绪，也有它想要达到的目的。

为了达到目的，你常常会无意识地"利用愤怒"。

也许大多数人还没有意识到这一点，但实际上你正在利用这种手段来达到某种目的。

比如在家里，父母经常会对孩子发火、大声斥责孩子，为什么会这样呢？

面对这种情况，父母的解释常常是诸如"孩子做错了事、惹人生气"之类的。

情绪的两大要素

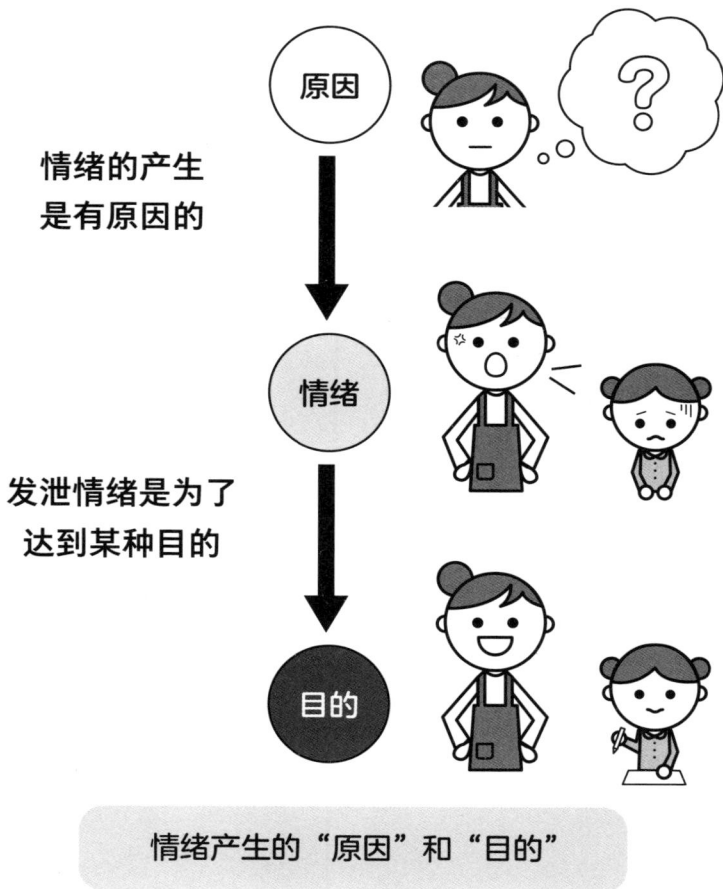

原因

情绪的产生
是有原因的

情绪

发泄情绪是为了
达到某种目的

目的

情绪产生的"原因"和"目的"

然而，多数情况下，即使不责骂孩子、不跟孩子发火，你也有办法解决这些问题。因此，大人其实没必要责骂孩子、对孩子发火。

但是，很多父母即便知道这些，还是会对孩子发火。

究其原因，父母认为只要大声斥责孩子，多数情况下孩子就会默默顺从。的确，在亲子关系中，父母责骂孩子，多数孩子会选择默默顺从。

那么，在这种环境下长大的孩子又会学到什么呢？

那就是，**即使被父母以外的人大声责骂，孩子也会感到害怕，进而选择默默顺从。同时，孩子也学到了这种"用怒吼震慑对方"的方法。**

这就是为了达到自己的目的，通过怒吼、利用愤怒情绪的例子。

而且，一旦利用这种情绪达到了目的，愤怒就会被滥用。即使在完全没必要愤怒的情况下，为了达到某种目的，你也会自动打开"怒吼"的开关。也就是说，或许这时你已经掌握了对自己来说极其负面的情绪模式。

当今社会，正充斥着这样的愤怒。

2 愤怒的原因不仅仅是 "我生气了"

◼ 你与家人的相处方式是积极的，还是消极的？

如果你经常情绪化、大吼大叫等，这往往是由你在原生家庭中与家人的相处方式造成的。

人与人之间的相处方式，大体上可以分为两种：积极的和消极的。

如果一个家庭中"积极的相处方式"占据主导，那么家里的人大部分时间都会感到满足、充实、自信等积极的情绪，而这能培养出积极的感知能力。

这种积极的感知能力，也就等同于"自我认同感"。

相反，如果一个家庭中"消极的相处方式"占据主导，

7

那么家里的人就会经常感到焦虑、烦躁、不安，以及憎恶、仇恨、失望等消极的情绪，因此养成了消极的感知能力。

而且，如果不能及时排解这种消极情绪，一直处在其中，自身的不满足感就会堆积、膨胀。**这种不满足感还会让你产生"不能只靠自己就解决问题"的无力感，最终导致"自我否定"。**

所以，如果不能以积极的交流方式跟人沟通，就会出现非常棘手的问题。

也就是说，你的人生会变得非常情绪化，"和别人争吵、发怒"仿佛成了你人生的"最大目标"。

那会怎么样呢？

● 大吼大叫是因为害怕"孤单一人"

你有没有见过完全"情绪化争吵"的场景？就算别人都觉得这是情绪化的争吵，但当局者迷，吵架的当事人却完全意识不到他们彼此在争吵。

比如，在同一屋檐下生活却争吵不断，但这个家里的人已经习以为常了。甚至有的家庭会让人觉得：都吵成这样了，还不如各过各的。

如果这种家庭中的成员在长期的消极相处中只学会了与人"消极相处的方式"，那这个家庭就只能继续"不和"下去了，也就很难摆脱这种"不和"了。另外，越是这样的家庭关系，父母和孩子双方越不能精神独立，越离不开彼此。

为什么明明彼此不和，却又相互离不开呢？

那是因为人们害怕孤独。

我们生来就无法忍受孤独。

通过互联网，你能够获得遥远世界的信息，如果你一直沉浸其中，可以暂时忘记孤独。

然而，一旦脱离了这种环境，你可能马上就意识到"自己是孤独的"；可如果你被信息的旋涡吞没，就没有时间去思考自己是否孤独，甚至都不能看清自己的心。

比如，"显意识的我"感觉不到孤独。

"显意识的我"指的是，能够主动感知到自己的思想、感受、言行的"我"。

不过，"潜意识的我"还是能够意识到"自己是孤独的"。"潜意识的我"指的是"显意识的我"无法感知的一切。

如果你不想感觉到孤独的话，可以让孤独不上升到显意识层面。

但是，即使自己没有察觉，你的潜意识里也是孤独的。这其中应该也蕴含着你对自己所处境遇的愤怒。

不论你觉察与否，我们每个人都害怕被孤立，都渴望和别人一起，都渴望有所归属。

总而言之，我们都害怕孤单一人。

越是依赖性强的人，越害怕被人抛弃。眼看就要被抛弃时，就会因恐惧而生怒。

你本人或许没有察觉，大吼大叫其实是在请求别人：我害怕孤单一人，不要抛下我；同时也是在发出威胁：是你让我无依无靠的，我是不会原谅你的！！

● "他人认可欲"和"自我认可欲"，你太渴望得到他人的认可了

那么，和别人在一起就满足了吗？也不尽然。因为我们还有自尊心和自负心。

满足这些需求的，就是被称为"认可欲"的东西。

"认可欲"包括"他人认可欲"和"自我认可欲"。

我们都希望自己的存在价值能够得到他人的认可和尊重。这就是"他人认可欲"。

为了得到他人的认可，满足你的"他人认可欲"，通常来说，必须要有能够认可自己的"他人"。

然而事实上，像这样渴望得到他人的认可，其实是因为你比任何人都相信并希望自己的存在是有价值的。这就是"自我认可欲"。

"自我认可欲"是只要自己认可自己的存在有价值就可以，无须依赖他人。

然而，在当今竞争激烈的社会风气下，比起追求内心的富足，很多人更希望在社会地位、头衔、金钱、外貌等方面拥有优势，而受到他人的追捧。

"希望别人了解自己，希望得到别人的认可，想比别人优秀，想要受到瞩目。"

很多人都是像这样一味地追求"他人认可"，却做不到"自我认可"。

如果你也有类似的寻求"他人认可"的需求，然而既不能和别人友好地相处，也得不到称赞的话，该怎么办？或者，在当今的大环境下，难以感受到满足、充实、幸福等积极情绪的话，又该如何做？

如果你总是像下面这样想的话，即便自己学到的是积极的与人相处的方法，日常中也会用消极的方法与人相处：

● 不想变得孤独。

● 害怕被忽视。

● 想让自己的价值得到认可。

● 想让别人给自己好的评价。

不过，即使是消极的相处方式，只要有人能做出些许回应，那么也能避免"孤独"。如果能互相给出回应，那么就会感到安心：对方没有抛弃自己。

而且，即使你和对方发生了争吵，如果你吵赢了，或许你的"他人认可欲"还能得到满足。

● 发怒，是因为你不知道如何积极地与人相处

让你产生"愤怒"情绪的，往往不仅仅是因为对方做了让你感到生气的事，还有其他原因。迁怒他人也是有一些"好处"的。

除了避免孤独和满足自己的"他人认可欲"外，"发怒"

"他人认可欲"和"自我认可欲"

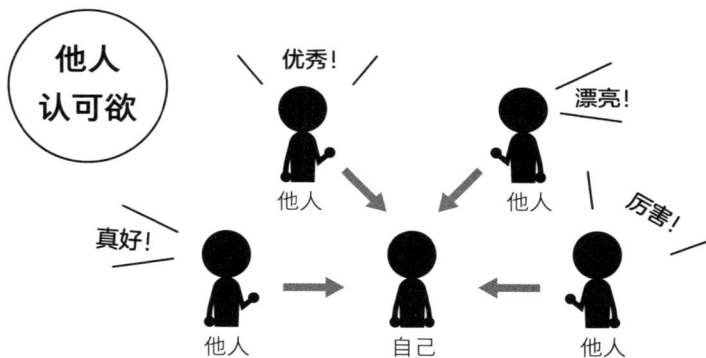

他人
认可欲

优秀！

漂亮！

厉害！

真好！

他人　　他人

他人　　自己　　他人

必须有认可自己的"他人"

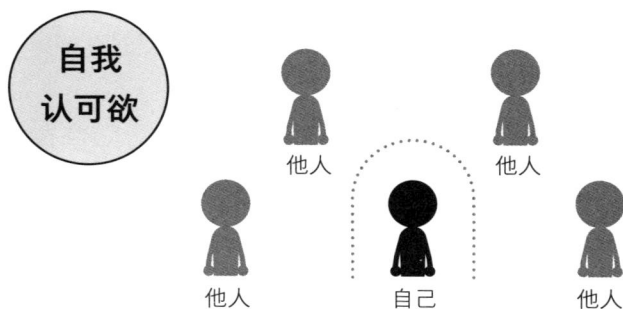

自我
认可欲

他人　　　　　　他人

他人　　自己　　他人

无须他人，自己认可自己就足够

还有以下几个好处：

- 不必直视现实。

- 不必正视自己。

- 即使错在自己，也不必承认。

- 运气好的话，还能把自己的责任转嫁于他人。

"发怒"，会对"积极地相处"和"积极地交流"造成很大影响。

尤其在你还不懂得如何与人"积极地相处"的情况下，就只能用"愤怒"，用对周围人发脾气的方式来跟他人相处。

因此，愤怒绝不是突如其来的，它是在你还不知道如何与人积极地相处，以及潜意识中已经意识到"愤怒"能给自己带来很多"好处"的情况下产生的。

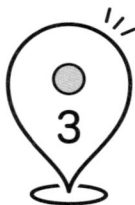

3 在控制愤怒之前，
记得先爱自己

● 对他人发怒也无法解决 "自己的问题"

当然，即使对他人发火，你也不会从心里真正感到释然，也不能真正解决自己面临的问题。而且，如果遇到事情只会通过发怒来解决，你会在不知不觉间产生一种无力感，觉得自己解决不了任何事情，慢慢地会否定自己，不再相信自己。

就像前面说的，你之所以会遇到事情就勃然大怒，直接和无关的人发火，那是因为你自己身上存在很多问题。

对此置之不理的话，你心里也不能感到愉悦、畅快。

无论是回首过去，还是着眼现在，也许你都能强烈感受到这个问题的存在。

像这样，不从根源上解决自己的问题，只想着管理、控制"愤怒"，往往非但不能控制，反而容易在情绪到达极限时失控。

如今在网络上，只要有人和周围大多数人的意见稍有不同，那么他就可能会受到围攻。很多人对于少数派的排斥情绪高涨，把少数派当作"恶"去攻击的人也不在少数。

这让我联想到在食物上扎堆的蚁群，而且在这些攻击者的意识中，还包含着憎恶。他们不会仔细思考自己憎恶的是谁，只是在憎恶的驱使下去攻击别人。

从社会整体的倾向来看，人们的愤怒情绪非但没有得到消解，反而给人愈发激化的感觉。一些网络暴力事件频发，让人感觉愤怒正在向憎恶和怨恨的方向转化。

可以说，这是压抑、管理和控制愤怒的后果。

● **你之所以愤怒，是因为你忽略了自己的内心感受**

联系前面提到的"认可欲"，可以说绝大多数人之所以会产生"愤怒"，是因为比起自我认可，人们更渴望得到他人的认可。

渴望得到"他人认可"是将对自己的认可和评价都托付给他人。这样你当然就会在意他人的反应，就会把自己的注意力倾注到他人的言行和周围的事情上。而且，一旦有了这种意识，你往往就不会遵循自己的内心，而是基于"对方如何看待自己"来行动。

在信息化急速发展的今天，越是不在意自己内心的人，越容易被他人和周围发生的事所吸引。

反过来说，**越是容易被他人和周围发生的事情所吸引的人，越是不关注自己内心的人。**

因此，他们觉得与其"以自己的内心"为基准，不如以"他人的眼光和评价"为目的来行动。

通过多年给人提供心理咨询、治疗的经验，我想谈一谈"以自我为中心"和"以他人为中心"，这二者可以概括为"自我中心心理学"。

它们两个的区别很明显，一个是以自我为中心的人生态度，一个是以他人为中心的人生态度。

"以自我为中心"的人生态度，就是遇事以自己为中心，

去理解、思考、判断、选择并行动。因此，越是以自己为中心的人，自我信赖度就越高。无论自己怎样，都能够认可自己。

相反，"以他人为中心"的人生态度，凡事都以他人为中心，去理解、思考、判断，然后选择并行动。

后者以他人和外界为基准，因此更重视常识、规范、规则、规定、习惯、风俗等。比起在乎关注自己的内心、想法和心情，会更努力使自己迎合并适应外界环境和他人的想法。

因此，这类人比起对自己的内心、想法和情绪的重视，他们认为"他人和外界"更为重要。得失计算和胜负意识，也是在以他人为中心的状态下产生的。优劣强弱的比较和竞争，也源自以他人为中心的意识。

当一个人把过多的精力倾注于他人或外界之后，对于眼前的事物，他自然就会忽视"自我感觉如何"以及"自己的心情和想法如何"。

"以他人为中心"和"以自我为中心"

以他人
为中心

别人会
怎么看我呢？

以"他人"为中心进行思考、判断、行动

以自我
为中心

我到底想
怎么做呢？

以"自我"为中心进行思考、判断、行动

■ 凡事"以他人为中心"，你会越来越焦虑、易怒

把精力和意识放在自己身上，还是放在他人身上，是你在无意间决定的。

比如，以他人为中心的话，你的精力和意识就会着眼于外界，以他人为基准，因而就会以获得"他人认可"为目标。

相反，以自我为中心，重视自己的情绪、情感和需求，进而做出的选择就会以"自我认可"为目标。这是很简单的道理。

越是"以他人为中心"的人，由于他判断事物的尺度都基于外界，自己也就越无法认同自己，凡事都无法自己做出决定和选择。如果没有人给出标准，他就没有自信，也就无从判断和选择。

可以说，社会上有不少人持续不安和焦虑，以及把自己与他人进行比较，都是因为他们越来越被"以他人为中心"所侵蚀。

这种意识已经蔓延开来……

而且，即使抱着这样的意识拼命努力想要得到他人的认可，结果仍然得不到，该怎么办呢?

得不到他人认可的不满足感，在自己心底郁积的话，又该怎么办呢?

这种消极意识，势必会产生消极情绪。这种情绪会不断累积，直到不得不发泄出来，这就是"愤怒"的真面目。

总之，愤怒是"以他人为中心"的人所特有的。

4 愤怒不仅会伤到别人，更会伤到自己

■ 愤怒无须管理、无须控制

愤怒，既不需要管理，也不需要控制。

不仅仅是愤怒，其他各种各样的负面情绪也一样。正因为自己不愿意承认自己陷入了负面情绪中，才会尽力压抑、控制这些情绪，进而使它们越积累越大，直至爆发。

因此，让我们抛开"愤怒需要管理、需要控制"的想法。这样一来，你的想法就会发生变化。

那么，人为什么会愤怒呢?

从"以自我为中心"的认知角度来看，有以下原因：

- 不重视自己。
- 不爱惜自己。

也就是说，因为不爱惜自己，才会愤怒。

向别人宣泄这种愤怒，也会伤害到自己。

因为，你有多愤怒，就有多不爱自己。

比如，职场上，上司对下属说："真热啊！"

下属盯着电脑屏幕，冷淡地回答道："是吗？"

上司被这个回答激怒了，挖苦道："你真听不懂啊，赶紧去把空调温度调低不行吗？"

从"以自我为中心"的认知角度来看，上司之所以会"发火"，是因为他不重视自己，这是他在无意识中发出的信息。

也许你会问：

"咦？请稍等。您是说上司不重视他自己吗？"

或者有人想说：

"惹上司生气的不是那个下属吗？"

但事实并非如此。

这里最重要的一点是，如果只是因为下属冷淡的态度，上司就大发雷霆的话，那么上司应该将此视为"自己的问题"。

上司会生气不仅是因为下属"惹到了自己"，其个人本身应该还有其他原因。

从上面这个例子可以看出，愤怒的言行伤人又伤己，既伤害了上司自己，也伤害了下属。

带着负面情绪的争论，无论哪一方获胜，双方都会受到伤害，这是一定的。

问题是，面对下属冷淡的态度，上司只会以挖苦的方式回应，他为什么会做出这种伤人又伤己的事呢？这就是上司不重视自己的表现。

● 愤怒伤人又伤己

在上面的事例中，为什么下属会对上司态度冷淡呢？

通过分析，我们可以推测出二人的关系。

确实，上司被下属冷淡的态度伤到了。但是，在其他场合又会怎样呢？从上司马上就挖苦下属这一点可以推测，很可能在平时，上司的不当言行就已经伤害到下属了，下属平时就对上司的一些言行感到不舒服了。

虽然这次下属冷淡的态度伤到了上司，但是先采取"伤害式言行"的也可能是上司。

愤怒伤己又伤人

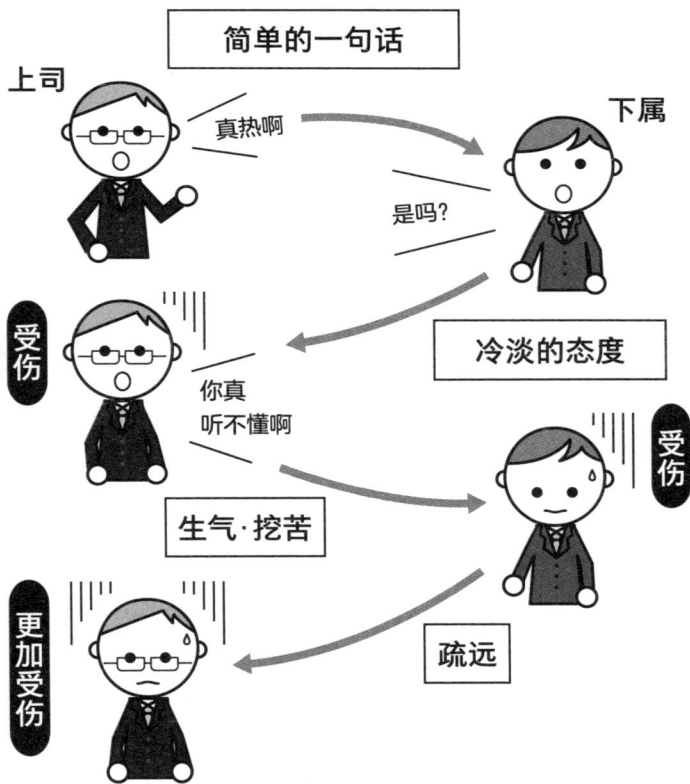

简单的一句话

上司

真热啊

下属

是吗?

受伤

你真
听不懂啊

冷淡的态度

受伤

生气·挖苦

更加受伤

疏远

自己的言行也会伤害自己

而且，因为受到伤害就变本加厉地挖苦下属，下属会因此更加疏远上司——这就陷入了恶性循环。如果这样的话，最后自己的言行也会伤及自己。

　　这时，上司如果从"以自我为中心"的角度出发，进一步反思自己"为什么要挖苦下属呢"，就会发现自己对下属采取的做法，别人也对自己做过。

　　比如，那个人可能就是他的母亲。

　　上司的一句"真热啊"，就要求下属去洞察他的其中真意，这和母亲对自己说"你要凭我的一句话就猜出我所有想表达的意思，并按我喜欢的那样去做"，给人的感觉是一样的。

- 一直以来母亲都要求自己凭她的一句话就猜出她的意思。
- 自己对下属也做着同样的事。

　　如果上司能意识到这点，就会把挖苦下属看作自己的问题了吧。

　　如果这件事的根源是自己与母亲、与原生家庭的关系，那么我们可以把"不再按母亲的意思行事"作为目标。

即便只能做到这一点，这位上司也向更加"重视自己"迈进了一大步。

这样做，也不必担心和母亲的关系会变差。因为如果一位母亲长期通过这种形式支配孩子，那么无论孩子是否能做到见机行事，他们的亲子关系都不会发生什么大的改变。因为无论结果如何，无论孩子做得再好，恐怕这位母亲都不会对儿子表示感谢！

相比之下，如果上司能够停止与母亲的消极交流模式，无论与母亲还是其他人，都不再用这种消极的模式交流，同时让母亲意识到自己的这种做法是行不通的，从而做出改变，那么无论对母亲还是这位上司来说，这都是一个很好的选择。这能让他们的母子关系，以及与他人的关系变得更融洽，自己也能得到更多的尊重。

5 压抑愤怒，
是对自己的情绪暴力

● 怒气难消的原因与童年伤痛有关？

有不少人抱怨自己总是怒气难消。

现在社会上充满了各种愤怒和恶意，关于恶性犯罪的报道接连不断，令人毛骨悚然。似乎人人都有无处安放的愤怒，愤怒又滋生愤怒。

那么，到底怎样才能平息这些愤怒呢？

即使你本人不想吵架，但如果受到攻击和伤害，你也会愤怒，想要报复吧。有时你会因为一件事，一连好几天都生气，心情都无法平静。甚至现在回想起以前发生的各种令你不愉快的事，也还是很生气。

之所以会出现这种情况，是因为很多人对自己非常粗暴。

为什么会对自己如此粗暴呢？

主要是因为他们从小就被粗暴地对待。

例如：小时候，无论自己多么努力，都会遭到父母不分青红皂白地否定和拒绝。

每次都会受到伤害，感到懊恼、生气，或者会觉得"无论自己怎么努力都没用"而自责、自卑，失去自信。

这样的经历不断重复，你就会觉得这是理所当然的，渐渐地，也许你就会变成连自己受到伤害都感觉不到的人。

然而实际上，即使抱有这样的心理，你对他人的顺从也并不是完全情愿的吧。

● 与其控制愤怒，不如查明"原因"，及时排解情绪

这样一来，由于你已经陷入"以他人为中心"的状态里，只会从他人或周围人身上看到消极的东西，肯定会不断地生气。

如果你感觉自己总是控制不住地想发怒，那是因为你在过去或者现在受到过很多伤害，尽管你并没有意识到。

即使你想要管理或控制这份积压已久的愤怒，也不可能

按压得住。而且，像这样强行压制愤怒，强迫自己保持沉默的行为，是在自我施暴，是"完全无视"自己内心的暴力。

对自己施暴，是不可能让自己从愤怒中解脱出来的。

因为，愤怒产生的深层原因在于"你不重视自己、不爱惜自己"。

从这个意义上来说，愤怒是你的潜意识发出的信号。

当然不仅是愤怒。无论是正面情绪还是负面情绪，任何情绪都是"我们的潜意识因为爱自己而发出的信号"。

正因为如此，当我们产生负面情绪的时候，不要压抑或无视它，要正视自己的情绪，找出情绪产生的原因，还必须要找到解决问题的具体方法。

重要的是，知道解决方法后，再采取及时的行动来排解负面情绪，这也是我们爱自己的一种方式。

生气、发火

是你的内心发出的求救信号，它告诉你：

"你不重视自己的内心，不珍爱自己。"

——你之所以生气、发火，
是因为自己曾经被粗暴地伤害过。

第 2 章

试着不再忍耐，以自己为优先

1 因为忍耐
而内心倍感焦虑的人们

● 易怒的人其实也在忍耐

　　整个社会似乎都弥漫着某种消极的气息。比如，有时只是因为你说出了与大家不一样的意见，就会成为众矢之的；或者只是做了和别人不一样的事，就会遭到围攻和暴力。

　　走在大街上，或是在拥挤的车站里，经常会看到差一点儿撞上的两个人，大声争吵，甚至大打出手。或者在一些店里服务员只是因为回答不上来顾客提出的某个问题，就会像是被投诉了一样，情绪变得低沉，甚至有的对顾客撂脸子、露出不高兴的表情来。

　　为什么会这样呢？一句话，就是因为很多人都认为自己一直在"忍耐"。

　　其实不仅是处于弱势的人觉得自己在"忍耐"，那些爱支配别人、易怒的人，也认为自己一直在"忍耐"。

你身边是不是也有这样的人？他们很少谈论自己的事情，却只是一味地抱怨。如果他的想法没有得到顺从、认可，瞬间就会变得很情绪化：口无遮拦、为所欲为，丝毫不顾及这样做会给别人带来什么麻烦；他们总是单方面地把自己的想法、感受强加于人；对于于己不利的言论，甚至都不会给予回复；明显错在自己，也绝不会低头认错。

就连这样的人，他们都认为自己"一直在忍耐"。

而且，这些人大都认为：

"我一直在忍耐，可是你却让我发火。"

另外，"我是为了你们才忍耐的"，这已经成为他们的一贯说辞。

可是，在周围的人看来却是，"他那么任性又强势，完全听不进别人话的人，也在忍耐吗？"

其实他们也认为自己一直在被迫忍耐，难以说出自己真实的想法，即使内心不满也要顺从对方。如果有人找自己帮忙，他们无论如何也做不到拒绝，只能忍耐着。

● 你的焦虑烦躁，都是忍耐惹的祸

无论是在家还是在学校，甚至在其他场合，我们都把"忍耐"当作理所当然的事情：

"如果不忍耐，就无法与别人和睦相处。"

"如果不忍耐，就无法做一个合格的社会人。"

"连这都忍不了，实在是不像话。"

"现在忍耐着工作下去，老了就能幸福。"

我们不一直是被这样教导的吗？

现在，人们认为：

"必须（忍耐着）去配合他人。"

"必须（忍耐着）去适应社会。"

"（要忍耐）绝不能违反社会规则。"

"就算有不满，也（要忍耐）不能扰乱社会秩序。"

连学校里也张贴着这样的标语：

"必须和大家好好相处。"

"必须互相帮助。"

"必须努力学习。"

大家都在忍耐

必须适应社会

必须配合他人

不能给
大家添麻烦

必须和大家
好好相处

我们是不是一直在忍耐中生活

"不能给大家添麻烦。"

从一开始我们就被迫无条件地顺从他人。

但是，如果你一直是这样忍气吞声地活着，你现在的生活又是什么样的呢？

你每天都过得非常充实吗？对未来抱有希望吗？你的每一天都过得充满活力吗？

还是每天都有太多"不得不忍耐"的事，内心烦躁而又倍感焦虑呢？

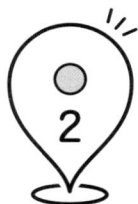

2 为了工作
拼死拼活，值得吗？

● 忍耐久了，想说的话就更说不出口了

比如，一个从小被教育"必须忍耐"的孩子，在幼儿园上课期间需要去上厕所。但是，因为长久以来受到的教育，孩子认为自己必须要忍住，上课期间不能随便出入教室。然而如果长时间忍耐，人就会紧张，反而会感到更加无法忍耐。可即便如此，孩子还是忍住不告诉老师自己想上厕所。

人一旦坚信"必须忍耐"，就会连"想上厕所"这种正常的生理需求，都不敢对老师说出口。因为孩子认为这是不被允许的。

而且，一旦孩子养成了隐忍的习惯，他会不知道该如何表达"想上厕所"这件事。因为家里和学校缺少让孩子学会表达自己内心想法的机会。

可以说，大多数善于"忍耐"的人大抵都是如此。他们对于用语言表达自己的想法感到羞耻、恐惧，因而无所适从。

因此，他们就决定一直忍耐到最后。

忍耐的过程中，孩子的注意力都集中在想上厕所上，根本不能专心学习。

能坚持到最后还好，但如果没能忍到最后，很有可能会尿裤子。

因为没上厕所，尿了裤子，将会怎样呢？

这时候周围人的反应很可能会伤害到孩子。"没忍住，自己出丑了"，这时候孩子可能会为自己的无能而感到羞愧。

另外，如果老师和其他孩子也抱有"忍耐是理所当然的"想法，那么他们对尿了裤子的孩子很难抱有善意。

这种事绝不仅仅是在孩子小时候才会发生。

● 过劳也不敢请假，你也过度努力了吗？

接下来这个可不是幼儿园孩子的例子。

很可能是你自己亲身的经历。

就算没有过尿裤子的经历，但如果你认为忍耐和努力是

必须的话，那么在工作当中，即使你感冒发烧了，也还是会
坚持去公司上班吧。

即便你心里觉得哪怕今天休息一天也好，但还是会因为
种种理由而生出各种想法来。比如：

"现在公司非常忙。"

"没有人能接替自己的工作。"

"会给别人添麻烦。"

"如果我休息，会被别人认为是在偷懒吧？"

"把工作交给别人，就会被别人知道自己的工作效率低
下，会被认为没有能力吧？"

"给人添麻烦，会被人讨厌吧？"

"休息一天会被人埋怨吧？"

"必须要忍耐。"

日本东京市市中心一旦遭受台风的袭击，电车和飞机都
会停运，不知需要多长时间才能恢复正常运营。这时候上班
的人们就会排起长长的队伍等待着交通恢复。

这时候，虽然公司说了"可以自己酌情处理"，但是一

想到这种情况还去上班能让领导或公司觉得自己对公司很忠诚，很多上班族就会产生"无论发生什么情况，都必须去上班"的想法。

如果连刮台风了，人们都觉得必须要去上班，那就更能说明大家都认为：为了工作，勉强自己是理所应当的。

● 员工积极开心，公司才有好业绩

但工作真的理应如此吗？

如果你是一个"以自我为中心"的经营者，会怎么做呢？

想象一下，如果你的员工因为"现在公司很忙、没有人可以接替自己、会给别人添麻烦"等原因而不能休息，你会怎么看？

少了一个员工，公司的业务就无法运转下去，你会这样经营自己的公司吗？

"经济不景气，销售额上不去，所以我们在以较少的员工千辛万苦地维持着公司的运转。"

当然，这些都可以理解。事实上，这样的公司也不在少数。

　　尽管如此，如果一个公司能做到即使少了一个人，员工之间也能相互帮助，不影响正常业务的话，员工也能更从容地工作吧。

- 再增加一个人，员工之间就能灵活变通，就能在积极的心态下去工作。
- 没有增加人手的余地。公司里繁忙至极，气氛也很焦灼，只能靠忍耐挺过去。

你觉得哪种工作方式更能提高员工的工作效率呢？

　　尤其在"心态"这点上，公司的氛围是积极的还是消极的，会导致很大的差别。

　　拥有积极的心态，就会选择积极的东西。

　　处于消极的心态下，就会选择消极的东西。

　　如果每个员工的心态都很积极，就会做出积极的选择。

　　如果每个员工的心态都很消极，就会做出消极的选择。

尤其是在忍耐当中工作，员工的心中将会满是怨言和不满。

　　其结果会如何？环顾当下社会，便可以想见了吧！

　　对于一个国家，这种不良影响可能需要经年累月才能显现出来。不过，如果是一个小型组织或公司的话，其弊端在短时间内就会显现出来。

无论多想提高业绩，如果员工抱有消极的心态，就会彼此妨碍、纷争不断，导致出现各种各样的问题。

相反，如果员工都抱有积极的心态，就会彼此合作、互相帮助，就算一时工作效率不高、业绩低迷，也能渐渐改善。

时间越久，二者的区别就越明显。

3 你不该再忍耐了，为什么？

● 一直忍耐，就看不见自己内心的真实感受

提到工作，大多数人都不是自己真正"想"工作，而是出于责任和义务"不得不工作"。

一个家庭主妇，无论自己身体多不舒服，多不想早起，但为了孩子和丈夫，也会忍耐着，为他们做好早餐，帮他们做好出门的准备。

如果是家庭主妇，时间可能会比较充裕一些，但如果同时还要工作的话，就很难做到这些了。更何况，如果孩子还小，父母还要送他去幼儿园，那就会更加焦头烂额。

如果孩子早上磨蹭着不吃早饭，或者稍微闹一点别扭，大人要做的事就会被积压。父母焦急地催促着，无论如何都要把孩子送去幼儿园，否则就会更麻烦。

所谓忍耐，就是"无视自己的内心"。

我听说有人认为：

"现在这个社会，如果不把孩子送去幼儿园，然后父母去工作的话，经济上会吃不消的。"

还有人觉得：

"如果孩子太黏人，自己会感到疲惫、焦虑，甚至会想对孩子发火，把焦虑传递给孩子。"

也曾听人说过：

"作为社会的一员，如果不工作的话，就会感觉自己被社会抛弃了一样，倍感焦虑。"

● 一味地忍耐会迷失"自己的本心"

如果遇到事情人们都优先选择"忍耐和默默服从"，那么人们的内心想法就会被无视，这必然会导致人们的不满和愤怒进一步升级。

如果凡事都以"忍"字开头，"默默服从"就会成为人们的首选项。

● 这里禁止做什么。

- 这里必须做什么。

- 想要得到什么，就必须去做什么。

就像这样，禁止、义务、条例、惩罚等规则不断增加，身边到处都是各种规则，就连走路都要当心自己有没有违反规则。如此一来，社会将变得越来越不自由。

更严重的是，如果人们认为"自己必须去迎合这样的社会，必须顺从"，那渐渐地就会画地为牢、逐渐失去自我。

不仅如此。如果人们每天过着满是指标、任务的生活，就没有时间去关注自己的内心了。

就算疲累，就算身体不舒服，就算内心感到痛苦、难过，就算没有干劲儿，也必须忍耐着完成指标。

然而，**如果一直这样忍耐的话，即使得到了别人和外界的认可，自己的内心也会迷失。**

而且，我们感受到的消极情绪不会凭空消失。在潜意识中，我们能够清楚地感知到它的存在。如果这种情绪不能排解掉，便会一直累积下去。因此，你会不断感到焦虑、生气。更要命的是很多人对这种情绪都习以为常了，因此他们好像总是在生气。

面对这种情况，即便是那些看起来强势、自私、任性的人，在他们的内心深处也是一样的感受。

例如，"以他人为中心"的领导会这样想：

"他们的工作配不上这份工资！为什么我要给这些人发工资啊！"

"有时间抱怨的话，还不如快点去工作！"

如果是这样想的话，那么这个领导也是在心里"忍耐"着自己员工的吧。

一旦以他人为中心思考问题，凡事就会以利益得失来加以评判。

所谓忍耐，可以说就是一种"痛苦"。

如果感到痛苦的同时还要默默服从，我们的内心深处就不会真正爱上工作。而是会认为：

"那个人只会强迫我做困难的工作"

"吃亏的活儿全都让我干"

"因为他是老员工了，所以就来指使我"等诸如此类的想法。

像这样，人们就会产生被迫、强加于己和被强制等感觉，生出怨言和不满的情绪来。

■ "忍耐"，代表你 "以他人为中心"

在以自我为中心的心理学中，"忍耐"是一个非常重要的关键词。

例如，假如你意识到自己心里"想做这件事"或者"不想做那件事"。

可是即便如此，你马上又会认为自己"不能做这件自己想做的事"或"必须做那件不想做的事"，在打消自己内心想法的瞬间，你的个人意识就会倾向于外界。或者说"默默顺从"而不加思考的模式产生的瞬间，你的意识就已经倾向于外界了。

当个人意识"从自己转向外界"的时候，比起满足个人的情感和需求，人们往往会自动选择"忍耐和顺从"。

这就是为什么由"以自我为中心"向"以他人为中心"转变的过程中，我们将"忍耐"这种意识作为典型表现。

当然，如果你在长期的忍耐中变得"以他人为中心"，就不会再追求"自我认可"。那么在得到他人的认可之前，你势必会受制于自己对"他人认可"的认知，即在忍耐和压抑自我中努力求得他人的认可。

自己的价值不由自己决定，而是在得到别人的认可后，才会觉得安心，如果得不到他人认可的话就会感到非常不安。

绝大多数人，都陷入了这种需要"他人认可"的状态。

而一旦陷入这种状态，你其实就已经疏于关注自己的内心，很快地，甚至连自己当下的情绪都会被忽视。

不过，如果习惯了忍耐，即使明知自己在忍耐，也会试图继续忍受这种痛苦吧。

结果会怎么样呢？

从心理层面上讲，习惯了长久忍耐的人会觉得："别人都没有做这件事，为什么我就非做不可！"他们一旦发现别人和自己做的事是不一样的，就会感到生气。

如果拘泥于一般的常理，从自己的视角去审视那些"不合常理的人"，就会感到不满和愤怒。

或许，那些行为上脱离常理、引人不悦的人，同样也已经达到了忍耐的极限。

"忍耐"是重要的关键词

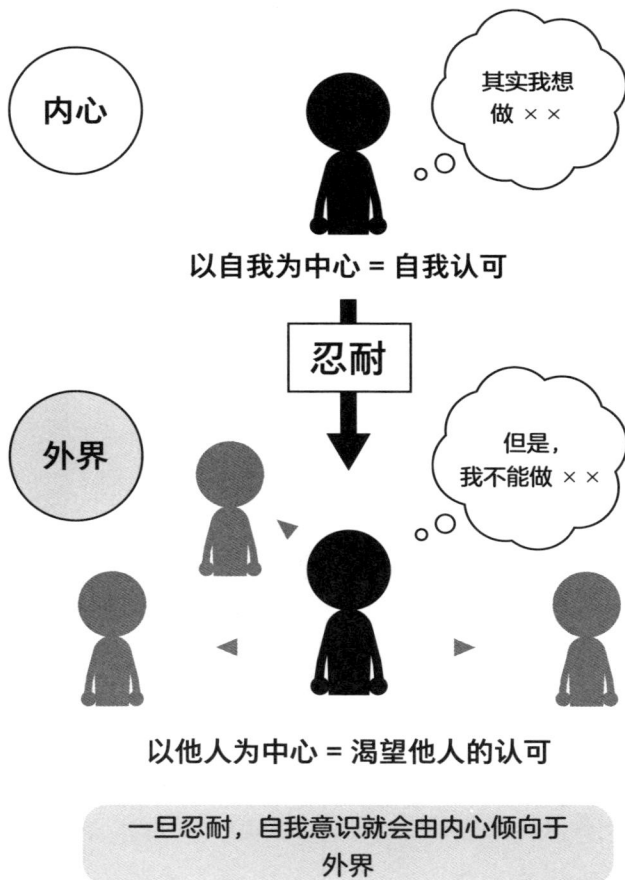

内心

其实我想
做 ××

以自我为中心 = 自我认可

忍耐

外界

但是，
我不能做 ××

以他人为中心 = 渴望他人的认可

一旦忍耐，自我意识就会由内心倾向于
外界

■ 忍耐时问问自己："我到底想要怎么做？"

这种以他人为中心的消极意识，如果无法排解，会一直积压在心底，无论本人是否察觉，都会有种想要将其倾倒一空的冲动吧。

因此，我们看到在网络上诽谤中伤，甚至谴责攻击别人的事件不断增加，这很可能是这种无法排解自己各种情绪的人排解情绪的一个出口。

一般来说，忍耐力强被认为是个了不起的优点。

不过，真的是这样吗？

忍耐力强，也意味着抗打击能力强。

可以说这种状态其实是在"伤害自己"。

忍耐，意味着不遵从自己的想法和内心。如果一直忍耐，便是一直在忽视和违背自己的内心。

因为不断忍耐着就是在不断伤害自己，到了某一个节点就会突然爆发，变得情绪化、大喊大叫、丧失冷静、富有攻击性。

忍耐是潜意识发出的"你在粗暴地对待自己"的信号。

所以，如果你意识到自己正在忍耐，就不要再继续下去，而要回归自己的内心，试着问一问自己：

"我到底想要怎么做呢？"

"察觉自己真实的想法"，你就已经开始爱自己了。

总结一下，便是下面这样的步骤：

下决心不再伤害自己，要"遵从自己的意愿"来做选择；

为了不再忍耐，首先要在自己打算忍耐的瞬间，就意识到这一点；

意识到这一点之后，问问自己："我到底想要怎么做？"

在这个瞬间，人就能从"以他人为中心"回到"以自我为中心"。然后想一想："为了不再忍耐，我该怎么做？"

比如，为了不再忍耐，可能会"拒绝别人的请求"。

这时，你可能会意识到：

"我害怕拒绝别人，所以一直以来都忍耐着接受了。"

这种情况下，即便是只意识到自己"害怕拒绝别人"也是好的。

能意识到自己"害怕拒绝别人"的心理，也就能厘清条理，明白今后该如何做了。意识到这一点后，人们会觉得"虽然害怕，但今后我还是要以拒绝别人不合理的要求为目标"。

忍耐力强的人其实经常会在某一时刻变得非常情绪化，与毫无关系的人发生争吵，把情绪发泄在无关的人身上。实际上，他们非常缺乏与人相处而不发生争执的经验。

所以他们做不到与对方和谐相处，也做不到与对方冷静交谈。因为这对他们来说是很可怕的事。

狗因为恐惧，才会大声吠叫。

人因为恐惧，才会大声争吵，借此威慑对方。

而意识到自己内心的恐惧与忍耐要比威慑别人更重要。

因为，当你意识到自己在忍耐的时候，就问问自己"我到底想要怎么做"，去倾听自己内心的想法、关注自己的需求。

仅仅是这么做，你就已经开始爱自己了。

一直忍耐，

是你的内心发出的求救信号，它告诉你：

"自己被粗暴对待了。"

——一直忍耐会伤到自己，
这时候你要问问自己"我内心的想法是什么"。

第 3 章

爱比较没关系，但要越比越有成果

1 越比较、越嫉妒、越不甘心

● 吵架不论输赢，都会造成恐惧

有的人总是喜欢和人比较，并渴望在比较中获胜，越是这样他就会越在意对方和身边的人与事，因此好胜心也越来越强。

在意识到对方比自己优秀的瞬间，人就会产生嫉妒。这时候，"不服输"和"我输了"的两种心情是并存的。

当然，每个人或多或少都会有嫉妒他人的情况，并不是说人不能有这种情绪。

即使对某个人或某件事产生了嫉妒，但只要你的内心积极正向，能够承认别人的优点和长处，坦率公正地去评价别人，就能善用嫉妒，发挥这种情绪的积极作用，进而获得提升自己的动力，从而和对手相互勉励，共同进步。

如果能做到像上面那样当然很好。但如果一个人的好胜心太强，不停地拿自己和别人做比较，同时忍耐力又很强，那就会变得越来越在意他人的看法，而忽略自己的感受。

越是以他人为中心，就越会过度在意对方。面对这种情况，如果是自己处于优势状态，就会产生优越感，俯视他人、小瞧别人。

相反，如果一个好胜心过强的人在竞争中输了，他马上就会感到不甘心。出于好胜心，他会变得偏执和嫉妒。

这就是嫉妒的真面目。

如果这时，对方还享受了优于自己的待遇，他就会觉得不公平，陷入复杂的情绪之中。

另外，在感到嫉妒的同时，那种"我输了"的意识，还会带来自卑感。

而且，一旦拿自己和别人比较，就会更加在意对方的言行，因此消极情绪也会进一步增强。

以消极的情绪去关注对方，就会在心中否定、责备，甚至攻击对方。

这时，自己的想法正确与否都不再重要。像这样，**以消极的情绪去看待对方，这本身就是一种"忍耐"**。嫉妒、憎恶、怨恨全是如此。因为处于忍耐的状态，所以就会产生消极的情绪。

如果不能及时排解接连产生的消极情绪，这些情绪就会转变为"愤怒"，人就会产生攻击性。

当然，如果你把这种攻击性的情绪发泄到别人身上，肯定会引起争吵。

无论在什么情况下，争吵都会带来恐惧。即使自己在争吵中获胜，内心也同样会感到恐惧。

因此，人们会尽力克制自己不去争吵。

但是，这样的忍耐只会使消极情绪进一步增强。

话虽如此，但忍到极点与对方发生争吵时，恐惧感会变得更加强烈。

就像是陷入了恶性循环，"忍耐、愤怒和恐惧"，三种情绪总是结伴出现。

所谓忍耐，就是不断地在自己心中制造愤怒和恐惧。

● 另一半做出让你讨厌的事，应该阻止吗？

有位女性曾经这样问我：

"我知道夫妻之间应该给彼此自由。但是，如果爱人做了让我不开心的事，我也不能对他说'不要做'吗？"

这些事并不只发生在夫妻之间。父母与孩子之间、同事之间、朋友之间也常常会有人提出同样的问题：

"受不了对方做自己不喜欢的事，到底该怎么做才能让对方停下来呢？"

因为自己不喜欢对方的言行，就想阻止对方，这本身就是一种支配性思维。就算对方做了你不喜欢的事，也不能强行阻止对方。一旦产生了这种想法，那么就意味着：从一开始，你就已经陷入了情绪化的纷争状态。

以上面这对夫妇为例，为什么丈夫会做妻子讨厌的事呢？

如果丈夫明知道妻子讨厌自己做某件事，却一直在做，那么可以说，丈夫已经对妻子产生了报复心理。

当然，如果对方做出了（让自己）讨厌的言行，那么就意味着两个人之间已经"无法通过沟通解决问题"了。或者，也有可能是其中一方或双方，一厢情愿地认为彼此已经

"无法沟通"了。

如果两个人是这种敌对关系，那么妻子越说"不要做"，丈夫就越不会轻易停下来。因为如果丈夫默默地听从妻子的话，就相当于向"敌人"投降了。

本来，丈夫就是要通过"做妻子讨厌的事"来反抗妻子，所以不可能轻易停止。

也可以说，丈夫一直做妻子讨厌的事，是一种"无声"的报复。

这种情况下，丈夫是有意为之还是无意为之，并不重要。因为从意识的角度出发来解释，无论本人是否有意为之，他的所作所为都将被视为"事实"。

只不过人们会以无意识为借口，从而不使自己产生罪恶感。

2 是什么让我们"互相对立""互相报复"？

● 长期忍耐就是在撒播争执的种子

那么，为什么会用这种方法报复对方呢？

那是因为，人们都在忍耐。

当然，两个人都没有承认对方是自由的。

因此，"丈夫做了妻子讨厌的事"，并不单单是某一件事。也可能只要是丈夫做的事，妻子就会反对，而因为妻子的反对，丈夫反而更要这样做，如此，夫妻二人会在许多事情上都发生冲突、对立。

当然，不只是丈夫在做妻子不喜欢的事。在丈夫看来，妻子也在做"丈夫不喜欢的事"。

这场相互报复的战争，追根溯源，就是因为双方互相不承认"对方的自由"，导致彼此一直忍耐，不是吗？

例如，不论在家里还是职场上，人们会这样觉得：

"我一直在拼命干，所以不允许别人偷懒。"

"我虽然不是正式员工，却被迫像正式员工那样去拼命工作，这让我无法忍受。"

"我压抑着自己，辛苦地做家务，你却这么清闲，让人看着不爽。"

"我在工作上隐忍让步，还要被家人斥责，心情烦躁。"

"我克制自己，节俭度日，家人却乱花钱，太让我生气了。"

忍耐就是这样在播撒争执的种子。

● 不认输的心，使争吵无法停止

如果我们和对方的关系是正常的，那么至少要做到相互沟通交流。

但是，如果彼此对立、失和，即使有交流，双方也都会以"坚持自己的主张"为目的，最后还是会争吵起来。表面上看起来是在交流，但如果背后的真实目的是"争吵"，那么即便始终都坚持了自己的主张，内心也不会感到满足。

从自己的角度来看，每个人都觉得"自己是正确的"。

不过，如果把争吵当作目标的话，那"到底谁对谁错"也不重要了。因为在你的潜意识里自己正确与否不重要，只要能用合适的话语，在争吵中打败对方就够了。

所以无须理由，也没有所谓的公正，也不必合乎逻辑道理。

无关论点正确与否，自己所不能容忍的，是对方的反对、违抗和拒绝。

这就好像猫和狗吵架。

"汪汪汪！"

"喵喵喵！"

"汪汪汪！"

"喵！喵！喵！"

"汪！汪！汪！"

"喵！！喵！！喵！！"

"汪！！！汪！！！汪！！！"

像这样，双方回应着对方的消极情绪，只会进一步激化这种情绪。

当然，因为是在争吵，自然谁都不愿意轻易输给对方。

无论对方多么正确，甚至可以说对方越是正确，自己就越不愿意承认。因为如果承认对方是对的，就等于承认自己输了。

想到失败，就感到恐惧。

在失败的那一瞬间，甚至永远都会觉得自己在对方面前抬不起头来。

所以绝对不能输。

当然，这样无休止地争吵下去，也解决不了问题。

不过，对于这样争吵的人来说，不能说是在解决问题，只要最后落个"互不退让"的结果，没有输赢，就算是好的结果了。

如果一直忍耐的话，将无法控制自己的情绪，如果不断重复这样的过程，"争吵"就会逐渐成为谈话的目的，这种情况非常麻烦。

目前，在社会中蔓延的"诽谤中伤""口诛笔伐""仇恨攻击"等现象，都体现了这一点。

3 忍耐不等于意志坚强

● **忍耐的另一种解释，就是什么都不做**

"忍耐力强"并不意味着"意志力强"。的确，忍耐力及陷入困境时的容忍力是可以通过培养和锻炼来加强的。

不过，如前面所言，**忍耐的同时会产生恐惧**。所以，

- 因为害怕，而不敢表达自己的主张。
- 因为害怕，而默默顺从他人。
- 与其自己行动起来改变现状，不如静静忍受周围的环境。
- 正因为害怕，才会对被孤立感到格外恐惧。

像这样，因为害怕，所以即使对自己所处的环境感到不舒服，也会通过一味地忍耐来回避自身的问题。这就是超强忍耐力的真面目。

当然，正因为这样不能满足自身的欲望和情感需求，越是忍耐，不满就会越积越多，也就越容易转化为愤怒和憎恶。

这样下去，如果不能采取行动的话，就会认为"自己无能"了。

片面地说，**忍耐的另一种解释，就是什么都不做**。

在心里攻击对方，并不意味着就能获得行动力。人的自信，源于实际行动。

忍耐本身就会夺走行动力，给自己带来了无力感。

不过，即使想要行动，如果只是这样一边忍耐一边怒火中烧的话，是无法发现自己真正的情绪和情感需求的。如果意识不到这些，那么就连"为了自己而行动起来"都做不到。

说到底，这样的忍耐，忽视了自己的情绪和情感需求，本身就已经是在"伤害自己"了。

不过，如果连"自己正在伤害自己"这一点都意识不到的话，又该如何安慰自己呢？

这样一来，就无法获得真正的满足感和幸福感，也无法消除自己心中的疙瘩，于是就会把愤怒和憎恨发泄到对方身上,使争执之火愈演愈烈,最终挑起这场毫无意义的战争。

● 情绪化,其实是好事

争吵中的人,虽然觉得自己在"忍耐着",但因为总是在意他人和外界的事物,所以基本注意不到自己的言行。实际上,他们在无意中已经对他人造成了许多伤害。

感情用事地攻击他人,是因为自己受到了伤害,所以才去伤害他人。但越是这样,越会对自己造成更大的伤害。

可是,为什么还是有很多人会主动挑起争端呢?

其中一个原因是,即使能够做到忍耐,但也做不到真正心平气和地与人交流。我们是真的很不擅长"倾听"与"沟通"。

实际上,在感情用事之前,只要能够做到心平气和地交流就可以了。但如果不能的话,就无法做到顺利交谈。

另外,如果已经处于忍耐的状态当中,就会对对方采取防备的态度,或者怀有恐惧。

事实上,如果情绪化地说出自己的主张,对方的反应也会变得消极,之后彼此的关系也容易恶化,这极容易引发双方的争吵和互相伤害。

当然，这样做既会伤害自己，也会伤害他人。

人如果有了这样的经历，就会更进一步试图去忍耐。

如果陷入"以他人为中心"的认知当中，对他人的看法就会变得消极，无法忍受的事情就会越来越多。

最终会导致情绪爆发。

同时，情绪化也是有好处的，它可以使"你的主意变得容易实现"。

具体说来，比如，你因为被愤怒驱使向别人发了火。

而在此之前，你因为害怕争吵、害怕受伤，所以一直在忍耐。但已经忍到极限了。

怒发冲冠的一瞬间，借着这股气势，你之前对争吵的恐惧、对表达自己想法的恐惧会一扫而空。当自己的情绪战胜恐惧时，就能把一直以来的不满向对方倾倒一空了。

就这样，情绪爆发能够消除恐惧感。对于害怕表达自己想法的人来说，消除恐惧，就是情绪爆发的好处之一。

不仅如此，还有其他的好处。

比如，大喊大叫能够震慑、威胁对方。对方迫于你的气势就会服软，从而迫使对方顺从于自己。那之后即使不再大喊大叫，像狗那样发出低沉的"呜呜"声，对方也会因为害怕变得顺从。另外，对方顺从自己之后，还要适当给对方吃点"糖"，让对方尝到甜头。

4 攻击他人，是为了隐藏自己的问题

● 争吵，会影响我们对事情的判断和决断

争吵会蒙蔽我们的眼睛，影响我们对事情的判断和决断。

有这样一个例子。

A 和 B 两家公司之间有合作，它们原本是利益关系，而非信赖关系，所以暗地里双方一直在争夺主导权。

有一次，在两公司都参与的一场交易中，出现了极大的损失。

在 A 公司看来，是 B 公司弄砸的。

在 B 公司看来，是 A 公司弄砸的。

A 公司开始攻击 B 公司。

B 公司也开始攻击 A 公司。

双方都说"是对方的错"，彼此寸步不让。

说到责任划分，就像交通事故一样，是可以客观划分出来的。但是一旦起了争执，就不可能会有客观的看法。相反，双方都在拼命推卸责任。

事关公司的生死存亡，不少员工也会和公司一起，攻击对方公司。

不过像这样相互攻击，是不可能从根本上解决问题的。

"以他人为中心"，过多地关注他人，自己只会试图向对方宣泄情绪，而丝毫触及不到问题的本质。

● 不愿承担责任，才把别人当成代罪羔羊

在这种情况下，且不论过错在谁，在这样的相互攻击中，真正遭受损失的又是谁呢？

是员工。

员工只顾一味地攻击说"是对方公司的错"，自己公司的业绩就能提高吗？自己就能涨工资吗？就能得到更好的待遇吗？

相反，因为公司遭受的损失，有的人可能会被降薪，或者因为业绩不佳而被裁掉。

不过即便如此，这其中也还是会有好处的。

那就是所有人都"不需要意识到自己的责任"。

每个人都通过攻击对方公司，将错误归咎于他人，逃避责任，而不必认识到自己也有责任。

特别是对于公司的经营管理层来说，这其中的好处更大。

员工和高层一起攻击对方公司，就相当于默许高层逃避自身的责任。

如果你是这个公司的高层，也会不自觉地松了一口气吧。

如果公司本来就经营不善，高层也可以以此为借口进行裁员了。

因为是员工自己认为错在对方公司，自己公司也是受害方，所以就不能强烈反对公司以此为借口裁员了。如果因此导致自己薪水降低，往往也不得不接受。

虽然这看起来很荒谬，却是常见的套路。

不想负责任的人，会把某些人当作替罪羊。

"业绩上不去是因为员工无能。"

"公司氛围不好，都是因为那个人的存在。"

"因为领导不作为，员工就不团结。"

"有那些偷懒的人在，我们才会这么辛苦。"

这样的言论愈演愈烈，公司里的氛围既不会好转，业绩也不会提高。相反，像这样通过攻击别人来掩盖问题的本质，结果还是不能从根本上解决问题，最终不过是作茧自缚。

5 察觉自身情绪，是改善人际关系的第一步

■ 从发现负面情绪产生的瞬间开始改变吧

负面情绪不是无缘无故产生的。它是因为你无视自己的情绪需求和想法，反而过分在意他人的看法，没有遵从自己内心去选择和采取行动而产生的。

因此，当你把攻击性的目光投向他人，在心里攻击他人，或者实际做出攻击性的行为时，你绝对不会发自内心地感到满足。因为这并不是你珍视自己而采取的行动，而是忍无可忍后觉得理所当然才采取的行动。

这样的人，**首先从发现自己产生负面情绪的瞬间开始改变吧**。只要加以注意，就能把握自己"真正的心意和情绪"，知道自己到底为什么生气，到底讨厌什么、害怕什么。

与其在意他人的想法，不如先从"关心自己"开始吧。

关心自己，就能注意到自己的情绪。

比如，某天在公司，同事 A 突然对你情绪激动地说道：

"就算你那么说我，我也很忙的，做不到事无巨细地关注你！"

如果此时，你"以他人为中心"来反应、回怼对方，那么很明显你们之间就会发生争吵。

假如这样的话，你心里就会认为"同事 A 很讨厌"，也会在与 A 的交往中不断重蹈这样的覆辙。在没有真正弄明白"为什么自己会和 A 争吵"的情况下，你的内心会一直讨厌对方。

这样一来，自己也会很痛苦。

● 掌握全局，是问题的唯一解法

如果你能"以自我为中心"，关注自己的内心感受，就会意识到：

- A 那种责备人的说话方式一直很伤人。
- 这时，让你感到不愉快的是 A 的那句"我可做不到事无巨细地关注你"。

不过，A 之所以会这么说，也是因为几小时前你向他抱怨过：

"这个也让我做，那个也让我做，我一个人怎么做得完啊？"

就这样，时刻注意自己的情绪，自然就能把握事情的整体情况了。

如果能够把握整体的情况，就能预见具体的解决方法，所以仅仅是这么做就能减少感情用事的情况发生。

而且，在这件事中，你在向 A 抱怨"这个也让我做，那个也让我做"的时候，可能你会注意到，对于你自己本身，你也在强制自己"这个、那个都必须快点完成"。

然而，即使 A 说过"这件、那件，都请你赶快做"，自己也不必对 A 言听计从。

如果能从心底认为按自己的节奏就好，那么你就会发现自己也能心平气和地回应对方：

"那么，我先做这件事，之后还有别的工作，所以那件事就放到后面再做了。"

如果能够这样回应对方，你会发现自己和 A 的关系也会有所不同了。

爱比较

是你的内心发出的求救信号，它告诉你：

"你过于在意对方的看法啦。"

——这时候，觉察自己的情绪，
是改善人际关系的第一步。

第 4 章

破除爱慕虚荣的假象，你会越来越优秀

1 外在的华丽，
不代表内心的自信

● 自信没人能给，更别自己摧毁

有一位非常注重自我提升的女士，她不仅为了工作考取各种证书，而且非常注重头发和皮肤的保养，提高自己的穿衣品位，为了保持容貌和身材，还会定期去健身房锻炼身体。

不过她做这些与其说是"为了自己"，不如说是为了"吸引优秀的男性注意"。

她说："只有比别人出众，才会受到关注。不然即使找到了优秀的男士，如果自己配不上人家，不是很丢脸吗？"

她以此为目的来努力提升自己，是因为她认为"女性是被选择的一方"。"女性的价值"取决于她能找到什么样的男人。

她并不介意被这样说。对她来说，赢得优秀男性的认可和获得体育比赛的冠军是一样的。

这其实就是虚荣。像这位女士一样虚荣的人，总是渴望得到他人的认可，渴望受到关注。正因沉迷于此，她才不会去关注自己内心和精神层面的充实，而是过分追求头衔、职位、名誉等社会地位，以及穿着、首饰、房屋装饰等外表的华贵。

经常有人说："我自尊心很强。"

虽然当事人是这么认为的，但恐怕在别人眼里这个人其实"**傲慢、狂妄、桀骜不驯、看不起人、固执、待人冷漠、不爱理人**"。

也有人会认为，上面描述的就是所谓"自尊心强"的人。

不过，这种具有批判意味的自尊，与"**骄傲、自尊、自豪**"等真正的自尊是不同的。从"以自我为中心"的视角来看，甚至可以说两者在本质上是"完全相反"的。

如前面所言，每个人都有"被自我认可的需求"和"被他人认可的需求"。

每个人都想成长、想磨炼自己的内心、想从根本上提升自己。这就是"被自我认可的需求"。

人们也渴望被别人信任、渴望受人爱戴、渴望受到尊敬。这就是"被他人认可的需求"。

这种"被他人认可的需求",再加上"以他人为中心"的意识,比如,"想受人关注、想更加出众、想让人听从自己、想比别人优秀、想受到称赞、想受到崇拜",或者"想被人羡慕、想被人爱慕"等。这些会使一个人想支配他人的欲望更强。

当然,反过来说,"被他人认可的需求"也可以认为是有上进心的表现,即"想在与他人的竞争中提高自己"。所以,这种欲求本身是好的。把对竞争的热情化作自身的动力,把竞争对手当成自己的目标:

"想要赶超那个人,想要比那个人更优秀。"

"别人在努力,所以我也要努力。"

"别人能做到,所以我也能做到。"

以此激励自己,发挥并提升自己的能力,就能使自己得到成长。

而且,当一个人"被他人认可的需求"得到满足后,他的需求就会逐渐转为"自己认可自己"的自我认可需求。

● 寻求他人的认可，是一种陷阱

但是，在寻求被他人认可的需求中是有陷阱的。

第一个陷阱，"他人认可的不稳定性"。因为他人认可中的"认可"依赖于他人，所以很容易被他人的心情及周围的环境所影响，与"自我认可"相比非常不稳定。

第二个陷阱，**越渴望被他人认可，就会越倾向于"以他人为中心"的意识**。如果陷入这种意识中，过分在意他人的评价，就会开始出现自己无法认同真实的自己的问题。

这样一来，一旦得不到他人的评价或称赞，就会不断陷入不安之中。过于害怕他人批评，即使面对小小的失误也会不知如何是好。

如果怀有"被他人认可需求"的同时，又陷入"以他人为中心"的意识中，就会很容易受到本就不稳定的他人认可的影响，从而受到更大的伤害。

一旦陷入这种状态当中，原本可能积极的竞争意识反而会起到消极的作用。而且，这种竞争意识越强，就越容易转变为对竞争对手的"敌意、狭隘、嫉妒"等难以排解的情绪。

第三个陷阱，为了得到他人的认可，会优先考虑"别人会怎么看"，而不是思考"事实如何"及"自己想怎么做"。

如果偶尔出现这种情况也没什么，但如果这种情况一而再，再而三地出现，一旦形成了习惯，就不太好了。

一个人如果过于追求他人的认可，不能接受现实中的自己，就会吹嘘自己，总想要大显身手，认为：

"我要是认真起来，这点小事不在话下。"

"我要是有机会，会做得更好。"

这样下去，做不到的事也会说"做得到"，没做过的事也会说"我做过"，话语中就会开始掺杂谎言。为了掩盖谎言，还要继续说谎，于是说谎的次数就会增加。因为自己的虚荣心，会使自己在行动上渐渐地画地为牢。

而且这样一来，你就会执着于获得他人的认可，而无视自己的内心，会以他人的标准来思考和选择。

长此以往，就会渐渐迷失自己的内心，自己的渴求也会变得模糊不清。

因为不能遵从自己的内心做选择，也无法实现自己的愿望，所以常常会感到郁闷和烦躁。

不过，即使心情郁闷、烦躁，因为不了解自己的内心，也不会真正明白自己郁闷、烦躁的原因，也就无法从根本上解决问题。

这样一来，如果**不能遵从自己的情绪和情感需求行事，自我信赖感和自尊心也会进一步受到损害。**

2 爱慕外界的虚荣，
会忽略真正的自己

■ 过分追求虚荣，自己会陷入不安、焦虑、恐惧之中

　　虚荣的人也许并没有意识到，自己的需求本身已经有一点扭曲。简单来讲，就是他们并没有意识到自己真正的需求是什么。之所以这么说是因为他们一味地追求他人的认可，就会逐渐对自己真正的情绪和情感需求感到麻木。

　　因此，他们会更加倾向于"以他人为中心"，不去满足自己的内心需求，而是开始描绘一个自我陶醉的空想。比如，将自己的形象塑造得很完美，使自己在别人眼里看起来"真厉害！真漂亮！真气派！真了不起！"

　　然后对别人说："我怎么样？厉害吧！羡慕吧！咱们本来就不是一个水平的！"

像这样，任何事都陶醉在自我的空想，或者只有在别人称赞自己"好厉害"之后才会感到满足。**想象他人眼中的自己，然后自我陶醉，如果没有这个过程，自己就得不到满足，而感到不安和焦虑。**

这就像是深信"我比别人优秀，比别人了不起，我是天选之子"一样，自己就像作为女主角或男主角出演了一部电影。陶醉于欣赏影片中的自己，为自己憧憬着、赞美着、幻想着。

当然，这样一来，越是为了演好他人眼中"完美的自己"，越是不得不虚张声势、追求虚荣，与此同时，伪装自己的内心也会与真实的自己背道而驰。

这样做的代价是，自己不得不进行伪装、欺骗自己，或者否定自己，这是一个二律背反[1]定律，自己则一直会被不安、焦虑和恐惧等情绪深深地折磨。

---

1 指规律中的矛盾，在相互联系的两种力量的运动规律之间存在的相互排斥现象。自然界存在的两种运动力量之间呈此消彼长、此长彼消、相背相反的作用。

● 镁光灯不会永远打在你身上

为了获得别人的称赞、好评，如"真厉害！了不起！真气派！好极了！真漂亮！"，自己就必须经常处于"话题中心"。

不过，一个人很难常驻"话题中心"。

比如，前面提到的专注于自我提升的女士，一开始，她认为靠一己之力得到"比别人更好的东西"是不现实的。

另外，她之所以认定"女性是被选择的一方"，其实也不只针对女性。

考了满分会被夸奖，考试合格就能入学，比赛中得奖会受到表彰。如此这般，总是有比自己更优秀的人，认为自己是被这些人选择的，都是因为被动意识太强。

认定了凭自己的力量无法得到想要的东西，但即便如此还是想要成为所谓的"胜利者"，那么就只能让那些已经"胜利"的人来选择自己了。

如若不然，就会感到不自信。

所以，她会想要找更优秀的男人做丈夫。如果找不到那样的人，就会以自己想象中的丈夫为模板去教育自己的子女，从而变成偏执的妈妈。自己不努力，而是要求别人为了自己的愿望去拼命。

■ 自我评价越低的人，越爱慕虚荣

通过这样的努力，如果能得到自己想要的结果的话，人还是会感到满足的。

不过，不是所有人都擅长用这种方法。相反，更多的人是不擅长用这种方法的。

因为心有不甘，所以即使一开始做得不好，也会因为虚荣一直这样做下去。

"虚荣"从根本上说，是因为自我评价低，即认为凭一己之力得不到自己想要的东西。

所以如果对方没有按自己期望的那样回应，就算是很小的事，也会觉得自己很悲惨、可怜。

认为"我被瞧不起、被小看了、被轻视了。我付出了这么多，对方却连个招呼都不打，太没礼貌了！"会对这样对待自己的人感到生气，觉得不能原谅对方。

爱慕虚荣的人会经常互相吹嘘或者自吹自擂，但这还是不能平息心中的不满，就可能会对弱小的对手进行攻击，甚至会故意为难自己身边的人。

但是，这种行为会让自己的潜意识认为自己更加悲惨。因为无论怎样欺负另一个人，都能从对方身上看见过去的自己，那个曾经悲惨的、不体面的自己。

进一步深究这种情绪的话，如此千方百计地追求虚荣，或许是源自寂寞、孤独或者自卑。

3 不信任和恐惧，使人们互相较劲

● 虚假的优越感，只会带来寂寞和空虚

通过邮件、各种社交平台，人们就可以实现交流。现在，别说是面对面说话，越来越多的人对打电话都感到"胆怯、麻烦、费事"。

即使是用文字交流，也只是简单的文字往来，有人说"我写不出长篇大论"，也有人说"光是构思本身就够麻烦的了"。

不过在这种"发怵、麻烦、费事"的言论背后，其实隐藏着恐惧的心理。

所谓对话，是即兴且连续的。

如果双方彼此信赖，就能放心地交流。即使说错了话，只要彼此之间相互信赖，相信只要沟通就能相互理解，这样也能消除隔阂。

不过，如果双方不是这种信赖关系，自然就会相互提防。

如果觉得"一旦自己说错了话，就会被对方反击"，那么就会担心自己说出的每一句话都会被对方反击。

追求虚荣，是因为想要比对方处于优势地位，这也是一种自我保护的防御方式。

像这样为了优于他人而追求虚荣，自然是因为心里对他人并不信任和怀有恐惧。

"我之前和家人一起去欧洲玩了一周，真开心！"

当你这样向别人炫耀的时候，即使真实情况是这一周你和家人都争吵不断，你也不可能把这一真实情况说出来。

"牛排是在 ×× 餐厅吃的。"

"衣服我只穿 ×× 牌子。"

像这样互相虚荣攀比，或许在某个瞬间会让自己觉得自己优于别人。

不过，这种一时的、虚假的优越性不能消除内心的恐惧感和防备心，更不能抚慰自己内心深处的寂寞和空虚。

■ 沉迷于虚荣,你就不会好好地爱自己

如果因为较低的自我信赖感,内心感到恐惧、寂寞,因此不得不追求虚荣的话,那么金钱、资产、名誉、头衔等满足他人认可的要素便成了不可缺少的。

其实,为这些东西争来争去是很累人的。

即使在短时间内占据了优势,能让人沉浸在一时的满足感里,但如果把其作为衡量自己价值的标准,你将会感到极其空虚。

另外,越是这样,恐惧、防备心、寂寞等感觉会变得更强烈,而自我评价却不会变高。因为原本可以用来理解自己的真实想法、满足自己的内心、提高自我信赖的宝贵时间,已经被严重削减了。

另外,**如果沉迷于虚荣,不仅会变得连自己都不能理解自己的内心,还会越来越渴望别人来填补自己内心的空虚,这种心理会越来越强烈。**

自然,越向他人寻求满足,自己的心就会离自己越远,就会变得越看不见自己的内心。

无视自己的内心,怎么还能满足自己内心的需求呢?

为什么会沉迷"虚荣"？

以"他人为中心"看待事物……

想比对方
占有优势地位

想被认为
很厉害

追求能够得到"他人认可"所需的条件

金钱

资产

头衔

伙伴的
社会地位

高档货

根本原因在于较低的"自我信赖感"，包括
对他人的不信任和恐惧等

任何情况下，最能抚慰自己内心的都是自己。

你的内心之所以得不到满足，是因为你忘记了抚慰、贴近和重视自己的内心。

这些问题不仅存在于虚荣的人身上，也是所有现代人的通病。

如果没有他人的帮助，自己就无法认可自己，所以拼命想要得到他人的认可。这种负面影响，让很多人的内心都变得孤立，也割裂了人与人之间的联系。

如果现代社会是这样的话，那我们更应该自觉地回归自我、意识到自己的情感需求，学习怎样更好地爱自己。

4 遵从自己的内心而活

■ 过分虚荣、爱攀比的人更渴望得到他人的认可

对于虚荣的人来说，他们缺少的是通过自我认可来获得满足的"自我信赖感"。

在他们的潜意识里深信，如果没有他人的称赞、认可，他们就会一无是处。

所以当失去他人对自己的称赞时，他们会感到孤独和绝望。

不过，不少虚荣的人都有一定的经济实力，他们的能力也常常得到外界的认可。

所以越是被认可，他们就会越渴望得到他人更多的认可。

那么，这些人该如何重拾自我信赖感呢？

当产生"爱慕虚荣"的情感时，要马上意识到自己内心的变化。

比如，几个平时互相攀比的朋友，邀请你一起进行一次有些奢侈的旅行。

你收到这个邀请会有何感想呢？可能是，

"哇，好期待！我一定要去！"

如果产生了这种积极的情绪，那么"想去"的心情会很强烈。

相反，如果听到的一瞬间情绪变得消极，于是心里想：

"去旅行当然好了……不过又是一大笔花销啊。不过，也不能拒绝，因为不想被排挤，所以只好参加了。"

如果你想到的是这些，你的内心就会有负担。

■"遵从内心"做选择，该放弃就放弃，让自己不再 心累

为了提高自我信赖感，要尽量遵从自己内心来做选择。如果能做到这一点，你就会发自内心地觉得"能按照自己的意愿为自己做事，真好"。

如果我们能像这样做出选择和行动，即使不依赖他人

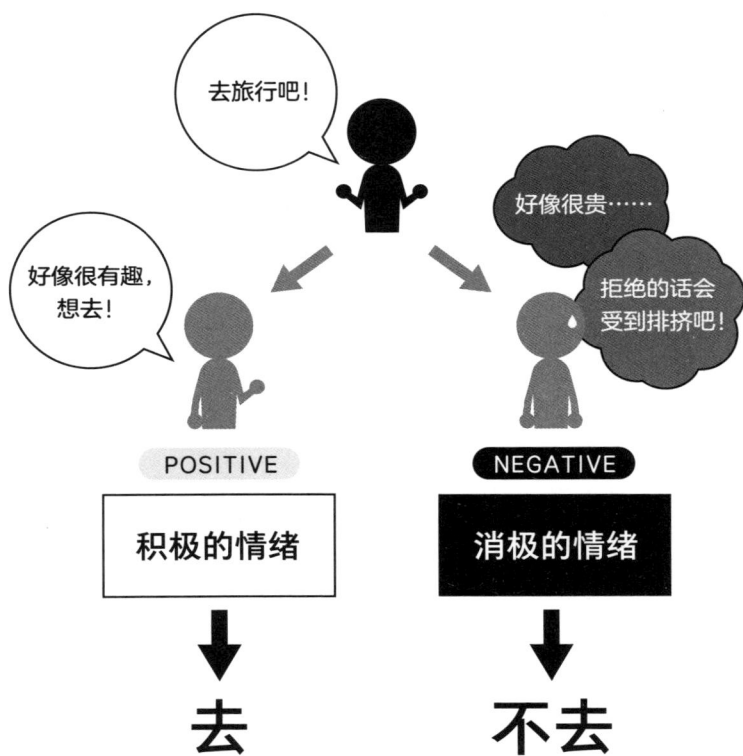

如何提高"自我信赖感"？

去旅行吧！

好像很贵……

好像很有趣，想去！

拒绝的话会受到排挤吧！

POSITIVE

NEGATIVE

积极的情绪

消极的情绪

去

不去

尽量遵从自己的内心做出选择

的评价来评判自己的价值，也能使"自己认可自己"的自我
认可欲得到满足。而且，这样一来，自我信赖度也会逐渐
提高。

概括起来，这两点比较重要：

● 做判断时，首先要注意到自己的情感需求和变化。

● 然后，遵从自己的内心和情感做出选择和行动。至少
要尽量做出"符合自己心意的行动"。

如果在感到有压力、负担的同时，却还要为了面子互相
攀比，这是无视自己内心的行为。

如果一直一味地追求他人的认可，就会一直虚荣下去。

以自己的情感为基准，当发现自己的做法与自己内心的
情感相违背时，以及在意识到自己有消极情绪时，能够做出
以下决定：

"不要再做让自己感到心累的事了，不要再做让自己感
觉有负担的事了。"

如果能够做到这些，就一定能慢慢从虚荣中解脱出来。

● 从虚荣中解脱出来，重拾真正的自信

把虚荣当作评价自我信赖度的标尺，"为自己"行动起

来吧。

这话说起来容易，做起来难。

即便如此，只要试着不再虚荣，你就会发现，爱慕虚荣的对话或互相攀比的关系是如何伤害自己的。

另外，实际上，你有可能会发现自己已经陷入了这样的恶性循环：因为发现自己受到了伤害，所以变得更加虚荣。

虚荣会放大防备心和不信任感，降低自我信赖感。

如果你不再伪装自己的内心，追求装腔作势的生活方式，就会从各种恐惧中解脱出来，重拾真正的自信。

如此一来，你一直以来想实现的愿望，比如：

"想成为优秀的人，想被人称赞，想受到认可"等，也都很可能会成为现实。

其实，原本你就是一个有能力、能够充满自信地做事的人，只是为了追求虚荣，透支了这份能力。

所以，只要按照自己的内心去做事，把倾注在虚荣上的努力用在自己身上，就一定能发挥出自己优秀的才能。

虚荣，

是你的内心发出的求救信号，它告诉你：

"你只是靠他人的认可而活着。"

——不要把虚荣当作衡量自我信赖感的标尺，

遵从自己的内心去做事吧。

第 5 章

正视不安，就能勇敢行动

1 你习惯负面思考，
还是正面思考

■ "害怕失败"会引起不安

举个例子，假如你刚入职一家公司，上司就让你做一个小型活动的简报，而你却失败了。

其实，不可能有"完全的失败"。失败了也一定会有积极的收获。比如，你认真收集了资料、预先做了调查、数次前往现场、多次进行演练等。

可是，一旦你的消极意识过强，你过于担心失败的话，实际展示的时候就会语无伦次，连准备的十分之一都说不出来。

如果这样的记忆清晰地残留在脑海中，那么即使下次还有机会在相同的场合下做展示，你的脑海中还是会浮现出之前的失败经历。

"又像上次一样失败了可怎么办?"

由此内心便会感到不安,在这种思考和情感的连锁反应下,你会更加感到不安:

"如果这次失败,以后可能就再也没有机会了。"

"如果这次失败,就没法在公司立足了。"

不局限于这些例子,还有很多其他方面。比如人们在展望未来时,很容易会想到可能发生的负面事件,比如:

"失败了怎么办?"

"被否定怎么办?"

因为内心感到不安,人们可能还会想到更糟糕的场景,还会开始思考应对方法,比如:

"受到严厉的批评怎么办?"

"要是有人那样说我,我就这样反驳回去。"

但是,一味地想象还未发生的消极场景,并不停进行"反驳演练"的话,人可能就会在不知不觉间变得越来越不相信他人。

● 把失败当作"舍弃执念的必修课"

相反，失败中也蕴含着走向积极未来的可能。

事实上，

"你的展示很精彩，简单易懂。"

"罗列出了详细的数据，很容易理解。"

"这么短的时间里，你做了很充分的调查呀。"

在失败的情况下也很有可能会收到这些正面的评价，但如果你的消极意识很强，自己就不会相信别人会给予自己积极正面的评价。

但是，**实际上"人有可能失败，也有可能成功"。**

如果能够秉持这个观点，即使因为"失败了"而内心感到沮丧，也能够实现自救。

"这次我决定了，即使一开始有点怯场也没关系，只要能坚持到最后就足够了。我觉得自己已经做到了，太好了。"

"这次的展示虽然没有得到令人满意的回应，但是我自己觉得还不错。"

"以前，只是站在人前讲话我就觉得非常痛苦，但这次我的压力减轻了一半，于我而言已经很好了。"

"虽然整体上还有不足，但是单看这一点我已经做到重

带着消极意识去做报告

NEGATIVE

如果又失败了，该怎么办？

无法想象自己会得到称赞

总是想象一些消极的场景

太好了！

?

事实是"人有可能失败，也有可能成功"

点突出，把想表达的很好地表达出来了，所以我觉得自己已经及格啦。"

即使觉得自己出丑了，也可以重新思考，把它当作让你摆脱"凡事都必须百分之百做到完美"执念的修炼。

任何情况下，都不可能有"100% 的失败"。

无论结果如何，其中一定有做得好、比以前有所进步的地方。

只是，人的消极意识一旦过强，就会看不到这些积极的方面。

● 潜意识正悄悄影响你的行为

一个人如果在日常生活中没有时常关照自己的内心、关心自己，那么即使他现在想要搞清自己内心深处是怎样想的，恐怕也会一头雾水。比如：

"我现在是什么想法？"

"我有着怎样的思考倾向？"

"我是如何感知、如何行动的？"

因为在他的内心深处所形成的意识，并非源于思考，而是与他自身的经历息息相关，而且相似的经历会进一步强化这种意识。

有的人自认为是个很自信的人，但实际上却做出了"没有自信"的行为；有的人自认为很消极，但实际行动却果敢大胆。像这样，自己的显意识与潜意识之间存在着鸿沟。

比如在亲子关系中，假设在孩子的显意识中认为自己必须孝顺父母。但如果在潜意识当中，对父母抱有很深的否定意识，那么即使是为了父母好而做的事，也有可能会事与愿违，引起相互之间的争执，进一步加深彼此的隔阂。

我将之称为"潜意识的复仇"。

当然，显意识中的自己不知道其中的原因，也就无法从根本上解决问题，因而会倍感痛苦。

这种情况不仅出现在亲子关系中，在与其他人的人际关系中也有类似的情况。或许那是因为消极的意识已经深深地刻进了我们的内心。

如果消极意识强烈地存在于我们的意识深处，它就会成为意识的基础，所以由此产生的想法也自然是消极的。

消极的想法会产生消极的情感和情绪。

在这种情感和情绪下再展开新的思考，会进一步叠加累积这种消极的情绪和情感。

可以说，我们的"行动"就是这种"消极思考和消极情绪"导致的结果。

也就是说，一旦具有较强的消极意识，思考和行动也都会做出消极的选择。

反之，如果积极意识增强，思考和行动也会做出积极的选择。

2 关注自己的内心，勇敢面对不安

● 每一次的不安，都有原因

那么，在根深蒂固的消极意识的状态下，如果一个人去展望未来，会进行怎样的思考呢？

不用说，他会在过去发生的事情中刻意回想起消极的场景，想到"还会不会发生同样的事"，内心也就会因此感到不安。

一个人不关心自己的内心想法，就做不到积极思考。

在陷入以他人为中心的状态时，很多人甚至都意识不到自己在说什么。

当我们不自觉地展望未来时，就会开始思考：

"如果做不到某件事该怎么办？"

如果一个人陷入以他人为中心的状态，过度在意他人的眼光，就会不自觉地嘀咕：

"被嘲笑了怎么办？"

"我的发言有没有跑题？"

"大家是怎么看我的？"

"失败了无可挽回，该怎么办？"

当然，这些思考不仅仅止于"思考"这么简单。

通过思考会产生情绪和情感。

绝大多数人会不自觉地思考，如果自己的思考是消极的，就会产生消极的情绪和情感，无论自己是否意识到，这些情绪都能被真实地感受到。

如果进行积极的思考，就会产生积极的情绪和情感，同样，这些也是能够被真实地感受到的。

在对事物进行判断时，我们会基于这种思考所产生的情绪和情感进行选择，从而采取行动。而且这个过程基本是自然而然进行的。

所以，如果你总是感到不安，可以说，这是因为你一直在忽视自己的情绪和情感。

不安绝不是毫无征兆、突如其来的。

如果产生了某种不安，那么一定有让人不安的理由。

如果无视不安产生的原因，就无法消除随时产生的不安，就会一直处于"莫名感到不安"的状态。

如果这种不安已经扎根于心中，那么"消极的思考就会带来消极的情感。而这种消极的情感又会进一步促进消极的思考"。就这样，不安就会在这种思考和情感的连锁反应中堂而皇之地反复循环出现。

而且**这种思考和情感的连锁反应，还会进一步让消极情绪和消极的情感升级。**

自然，越是这样就越会偏离问题的本质，最终让人陷入了没来由的莫名的不安当中，而且很多时候，人们并没有采取实际的行动来消除这种不安。

● 消极情绪得不到疏解，人就会陷入莫名的情绪之中

在任何场合，即便是非常微不足道的场合，我们都能感受到各种各样的情绪和情感。

"大雨过后，晴空万里，令人感到畅快。"

"想到喜欢的人，心里就觉得温暖。"

"想起讨厌的人就感到生气。"

"走路的时候，别人撞到了自己，很生气。"

"差点从台阶上摔下来，吓了一跳。"

像这样，情绪和情感的变化都是有原因的。

不过，如果产生了消极情绪或消极情感，你却没有进行及时的疏通，那么消极情绪就得不到排解，就会积压在自己的内心深处。

这种情绪和情感日积月累，人就会不明缘由地陷入莫名的情绪之中。比如：

- 我总是莫名感到不安。
- 我总是莫名感到愤怒。
- 不知为何，我会因为很小的事而生气。

■ 发泄了情绪也没有想象中那么畅快

如果你常常受到这种莫名情绪的驱使，很可能是你从与父母的关系中或从家庭环境中学到的。

一些父母来找我咨询亲子问题时，曾有过这样的疑问：

"无论说了多少次，孩子就是完全听不进去，让人火大。"

"孩子自己也知道要迟到了，却还是磨磨蹭蹭的，真是让人着急。"

而孩子们却表示：

"每天他们都很啰唆，实在让人烦躁。"

"无论我做什么，他们都反对，完全不听我说的话，所以我也不想和他们交流。"

"无论怎么说他们也不会改变，说了也白说，于是就放弃了。"

而且，这其中大多数的人都会受到感情的驱使，向对方发泄自己的情绪。

这时，我问他们：

"发泄后你的心情如何呢？"

大多数人都会回答：

"没有想象中那么畅快。"

当然也有人说：

"说出的一瞬间感觉舒服了，但过了一会儿还是觉得生气，于是又想向对方发泄。"这是他们的真实情况。

从中可以看出**无论怎样责备对方、向对方大喊大叫，只要没有妥善处理曾经发生过的事情，就不能从根本上消除那些郁结在心中的情感。**

为什么发泄了不安，内心还是感觉不到畅快？

责备他人、大喊大叫
也没有感到畅快

不知道怎么回事，
就是对事情提不起兴趣、
漠不关心

因为隐匿于内心深处的
消积情感没有彻底得到
排解

只要内心深处的消极情感得不到排解，
就不会感到畅快

● 知道了消极情绪产生的具体原因,才能解决问题

如果你和父母的关系也是如此的话,那么你在与别人相处的过程中可能也会出现这些问题。

这是因为,在家里长期被家人否定,很有可能会无意识地拒绝倾听对方的谈话、对他人的话置若罔闻,不把对方的话放在心上。

越是在这种环境中长大的人,越有可能意识不到自己受到过伤害,甚至自己都不知道为什么会受到伤害。

无论如何绞尽脑汁地想要找出答案,在模糊不清的思考模式下也无法解决问题。

尽管如此,为什么人们会一边感到不安,又一边执着地想要思考呢?

那是因为他们害怕行动。

因为一开始就不想受到伤害,所以不去关注正在发生的事情。可是,如果对正在发生的事情毫无了解就看不见具体的情况;不了解具体情况,就不可能排解自己的消极情绪。在消极的意识下去预测未来,只会让自己愈加感到不安和恐惧。

有时，我们可能会在这样的恶性循环中情绪失控、爆发怒火，甚至发泄到完全不相干的人身上。

　　当然，用这种方法不可能治愈"自己受伤的内心"。

　　所以，为了让自己不再受到伤害，就会选择闭上眼睛、封闭内心、拒绝感知，让消极情绪在自己心中越积越多、根深蒂固。

3 内心被不安绑架，如何摆脱？

■ 不要指望别人帮你解决问题

在不了解具体情况、看不到自己内心的情况下，无论你怎么思考，都只会徒增不安。

事实上，很多人甚至都没有意识到自己害怕行动。

这种心理一旦变得极端，人即使感到不安，也不会采取任何行动，只是一味地等着身边的人为自己解决问题，结果到头来没有人能替他解决问题。

很多时候，虽然自己知道让别人帮忙解决问题是不现实的，但是一旦被莫名的不安所束缚，就无法保持冷静。

"为什么我每天都会受到这种不安的驱使呢？难道没有消除不安的方法吗？"

在这种模糊的思考下，是不可能找到具体的解决办法

的，而只会一味重复地思考"我该怎么办"。

在我接到的咨询当中问的最多的就是"工作中遇到讨厌我的人该怎么办"。

这种咨询简单总结就是：

"请告诉我，怎样才能让讨厌我的人喜欢上我，并按我所期望的那样对待我、满足我呢？"

甚至还有人提出这样的难题：

"如果我不做任何事情和改变，怎样才能让事情向我期待的方向发展呢？"

这都是自己"害怕采取行动"的表现，但是不少人并没有意识到自己怀有这样的恐惧。

● 觉察自己当下的情绪，找出原因

一个人如果抱有消极的意识，自然会做出消极的选择和行动；同样，如果怀有积极的意识，就会做出积极的选择和行动。

即使是同样的情况，如果在积极的意识下，事情就会变得简单明朗起来，做出的选择也会是积极的。

比如：

"失败了从头再来就好了。"

"即使被嘲笑了，也要认可自己做出的努力。"

"嘲笑别人的人，才是更无知、没有修养的人。"

如果内心的潜意识是积极的，自然而然就会选择这些积极的、带有自救性的语言。

当然，潜意识就会自然而然地做出令人满意的选择。而且，这种潜意识比显意识的能力更强，因此，成功的概率也会高得多。

就这样，就算我们自己没有注意到，但实际上，我们在不同时间所做出的选择和行动，都会受到当时的积极意识或消极意识的影响。

正因为如此，当你感受到消极的情绪或情感时，不要忽略它们，而是找出这种情绪出现的原因，然后具体地加以解决。

从这个意义上来说，"显意识的我"要做的事情其实很简单。

就是要关注到"在自己正在经历的事情"当中"自己的情绪如何"。

比如，以"不安"为例，我们要像下面这样，**学会把握**

具体的状况：

现在，我在想能不能来得及赶往下周出差的地方，因此内心感到不安。

现在，领导告诉我要在下周之前完成这项工作，为此我内心感到不安。

现在，因为原本期望能够给予帮助的同事拒绝了我的请求，我在想自己一个人能否做得好，因此感到不安。

● 以"自己的情绪"为基准，你就知道该如何行动

想要从这种"漠然的世界"中摆脱出来，首先要搞清楚事情发生时的具体情况，培养对这些事情的应变能力。

其中最重要的就是"当下"的情况。

一位重度路痴的女性，第一次去某个地方时，非常担心自己能否顺利到达。

她总是要过了好久，才发现自己坐了与到目的地方向相反的车；地铁有好几个出口的时候，她一旦弄错了出口就会找不到方向；放假外出时，常常糊里糊涂地沿着平时通勤的路线走，走到半路发现走错了，又慌慌张张地折回。

一个人行动的时候还好，但是当和别人有约时，她就会

为此感到极度不安。

有一次，她想要消除这种不安，于是她决定第一次去某个地方时，要提前走一遍，演练路线、确认地点。

这样做，可以根据提前演练所用的时间来适当调整时间，因此自己就能放心了。

根据具体情况而有所不同，有时可能会多花费一点时间。但她在决定这么做并贯彻执行的过程中，渐渐觉得提前演练路线的时间并不是一种浪费。

不如说，花些时间获得安心的感觉才更加重要。而且，自己也会对这样的演练有所期待。

像这样，如果能"以自己的情绪为基准"，从而采取具体的行动，就可以消除让自己感到不安的因素。

这对自己的人生而言，可以说是一个巨大的收获。

因为，你的每一次行动，都是"为了获得安心感而采取的行动"，这样你将不会再感到不安和恐惧。

这种安心也会通往自信。

如此说来，感到"不安"也不全然是坏事。

不如说，不安是潜意识为了保护我们接下来不受到伤

如何消除"不安"？

第一次去约会的地方，会不会迟到啊？

意识到自己对将
要发生的事感到
"不安"

↓

演练路线，
确认地点。

为了消除"不安"而
采取具体的行动

↓

这样就
没问题了！

获得安心感

采取行动，消除不安。如果因此能够获得安心感，
就可以减少莫名的不安

害，而传递给我们的信息。

如果感到不安的话，可以把不安当作自己的伙伴，这样想：

"啊，我现在对接下来要发生的事情感到不安，抱有消极的态度，当然这只是我自己片面的看法。"

如果这样去关注每一个具体的不安，并且能够一个个地消除掉的话，无疑内心当中隐约的不安也会变少。

不安，

是你的内心发来的求救信号，它告诉你：

"你在消极地对待未来。"

——想要消除莫名的不安感，
就要行动起来，不打无准备之仗。

第 6 章

用心感受当下，焦虑其实是对你的提醒

1 没有获得好评，会让你感到焦虑吗？

■ 心中有目标，并为之付出努力，就不会感到焦虑

很多人都渴望得到别人的称赞。

如果你问他们：

"你想因为什么事得到别人的称赞呢？"

如果对方能够马上回答出：

"因为我喜欢 × × 很多年了，所以如果这件事能得到肯定的话，我会感到非常开心。"

能给出这样回答的人，他们心中的目标应该是清晰的，心情是畅快的，而且正因为朝着自己喜欢的事情努力，并且不断进步，所以他们更可能得到自己期待的评价。

但是，有的人并没有专心地做某件事，甚至他们连自己想做什么都不知道。在这种状态下，一味地"渴望得到别人

的称赞"，内心就会常常充满焦虑。

当然，想要得到称赞，却没有付诸实际行动，这就像画饼充饥一样，不会为自己带来任何实质性的改变。

或者说，这种"想要得到称赞"的心情，也蕴藏着某种自我否定的情绪，认为"自己没有值得称赞的地方"，如果是这样，焦虑反而会变得越发强烈。

而且，这种焦虑还会引起诸多的消极思考：

"必须着手做些让别人能称赞我的事。"

"做这种事，只会白白浪费时间。"

甚至还会像这样在心里嘀咕：

"啊，到这个年纪了才开始做肯定是来不及了。"

这样一来，不但会焦虑，还会产生人生已经止步于此的绝望。

● 过度比较，害你跨不出下一步

正如前面所说，以消极意识为基础，消极地看待未来，人就会感到不安。

如果对常常出现的不安情绪置之不理，内心就会产生莫名的不安，进而无法采取具体的行动去消除不安。

在这种意识状态下，无法自我认可的人，却十分渴望得到他人的认可：

"我必须快点做出结果。"

"为了得到认可，我必须尽快有所进步。"

这时候，内心和大脑都会被焦虑所支配，行动就会变得不自由。

然后，拿自己的现状与朋友或同学相比，就会认为：

"那个家伙从事着自己理想的工作，过着理想的生活。"

"到了这个年纪，本应该已经结婚生子了才对……"

"那个人经常上电视，活跃在各种活动中，而我却被埋没在这种地方。"

"我一事无成。"

"朋友们都过着人上人的生活。但是到了我这个年纪，再重新开始已经太晚了。"

这样想的话，就会倍感焦虑、坐立不安。

● 追求完美，所以你越来越焦虑

如今的社会，正在变成"以他人为中心"的社会。

荒谬、不合常理的事接连发生，令人无法不把注意力转向外界，而很少关注自己的内心。可以说，实际上这是一个容易以他人为中心的社会。

正因为如此，我们身边有许多人都抱有这样的烦恼：

"必须迎合大家。"

"必须适应社会。"

但是，越是这种以他人为中心的人，越不知道应该以外界的什么作为基准，因而越会让自己陷入混乱中。

原本"以他人为中心"的人容易被他人所束缚，无法察觉自己的情绪。诸如"必须做这件事"或"不可以做这件事"之类的义务或禁止过多，就会完全忽视自己的内心。

因此人就会犹豫不决、陷入迷惘，对事物进行这样的思考和处理：

"是 A 好还是 B 好，还是会有其他更好的方法呢？"

而且，如果一直犹豫不决、无法做出决定的话，人就会更加焦虑，就会想：

"必须要尽快解决问题。"

"必须尽早得出恰当的结论。"

而且，人在如此焦虑的时候，所期望的往往都是"最完美的答案或结论"。

2 让心引导你，
而不是大脑

● 别让迷茫伴随你一生

但是，如果把迷茫看作潜意识发出的信号，那就意味着：**处于这种状态我们经常会不知道 A 和 B 该怎么选。**

处于这种状态的时候，无论你怎样思考，也不可能得出自己满意的结论。原本自己应该是最能认同自己得出的结论的，但因为这是在无视自身情绪和意识的情况下做出的决定，所以很难得出确定的结果。而往往人们期望的是对自己来说最适合的结论，因此在这种情况下，得到完全满意的结论基本是不可能的。

当然，这种迷茫并不是什么坏事。

只不过，**这种势均力敌的对抗状态是不能用思考去瓦解的。** 即使想方设法得出结论，大多数情况下最后的结果可能还是：

"果然，还是不知道该选哪个。"

相反，焦虑、迷茫会加重消极的情绪，因此可以说越迷茫，在采取实际行动时，就越可能产生不好的结果。

本来，我们就在各种各样的制约下，被单方面地要求了很多事情，在这种情况下，我们会把这些当作理所当然的事情来接受。

现在你所认为的"必须要做的事情"当中，一多半都是被他人单方面要求做的，只不过是被人"附加了条件"罢了。

或许一开始，你对这些也存有过疑问。

即便如此，你也不知道到底该怎么做。

你找不到能让自己满意的方法。

而且，在以他人为中心的社会里，你还会渐渐觉得"怀有这样疑问的自己才是错的"。即使你认为自己是对的，但如果没有合适的解决方法，也会在不安或焦虑等消极的情绪中继续生活下去。

这会让人感到非常痛苦。

如果不想因此感到痛苦和焦虑，就只能麻痹自己的感觉。

一旦麻痹了自己的感觉，就不能遵从自己的内心做出选择和行动，而且也不会认可自己经过思考而得出的结论。

因此，既焦虑又迷茫，又不能付诸实际行动。

如此反复，不久你就会对迷茫习以为常。

● 不愿思考的人会对生活失去兴趣

现在，大多数人每天都在竭尽全力地生活。

这种没有闲暇的生活，使越来越多的人觉得思考会让人疲劳，从而不愿思考。就像平时如果不用电脑，就会忘记电脑的使用方法一样，一旦到了想要使用的时候，竟会因为用不惯而倍感辛苦。人的大脑也是这样的。

但是，"因为太累了，所以不会去关注自身生活以外的事情"。

一旦像这样生活下去，慢慢地就会对其他事情不感兴趣。

当然，如果这种"对其他事情漠不关心的状态"成为日常，就会陷入越来越无法自己做决定的恶性循环。

说实在的，这种"对其他事情漠不关心的状态"不仅会让自己的生活变糟，甚至还会使整个社会的状况变坏。

而且，现代社会节奏很快。

如果只追求合理性、功能性和速度，而不再关心人的内心，就会变得只注重结果。

最后结果又会如何呢？

举个例子，决定一件事情该怎么做时，如果是一个人的话，一般是可以很快做出决定的。但人多时，就做不到了。因为每个人都有自己的意见和想法，如果商量之后再做决定，就不能按照自己的意愿决定了。

而且，每个人的理解程度也不一样，所以也需要花费时间进行说明。即使做不到全员一致，但为了进一步推进，也需要花费数倍时间的。

觉得这样"很麻烦、很浪费时间"的人，一定会想要快点得出结果。他们认为与其花费几倍的时间商讨，不如单方面强行做出决定，这样能在短时间内解决问题。

不过在职场上，如果上司或领导强行让员工听从自己，会渐渐引发员工的不满。

如前面所述，我们的潜意识会把我们体会到的情绪具象化。即使内心希望"涨工资"，然而抱怨和不满的能量却比之更强大。

潜意识不会判断对错。不论是消极的想法还是积极的想法，潜意识都只会为了帮助我们实现自己的"实际感受"而奔走。

如果有人想"报复"对方，潜意识就会创造报复的机会。可能自己都没有意识到，潜意识就会帮助我们报复对方。如果这样的报复游戏不断上演，这个社会、公司迟早会走向衰败。

即使是某个人有小小的不满，但如果波及全体员工的话，全体员工也会团结一致盼望：

"这样的公司快倒闭吧！"

同样的道理。

无论好坏，我们的**潜意识都是忠于自己的"实际感受"去做事的。**

3 专注于现在，
而不是未来

● 感受生命中的微小好事，无须和人比较

一位经营者说，自己是做个体生意的，不能像大公司一样进行细致分工，所有事都必须靠他一个人来完成，所以没时间慢慢体会。

这或许是事实。

即便如此，正因为在这种情况下，慢慢体会才尤为重要。

可是，**大多数人都没有意识到"慢慢体会"的重要性。**

这也正常。

因为如果一个人在出生之后的 10 年、20 年、30 年内，都没有"慢慢体会"过，那么他甚至不会意识到自己"是否在慢慢体会"。就更做不到去比较"有体会的生活"和"没有体会的生活"两者之间的不同了。

所以，人们可能做梦也想不到，是否慢慢体会，会使人生出现如此巨大的差距。

- 一边慢慢体会，一边积极地去感受生活中的人和事，他的人生才会顺利地走下去。
- 忙碌，同时怀有消极的生活感受的人，不关心自己是否抱着消极的情绪生活着的人，或是没有意识到这些的人，无论他们怎样努力，都不会拥有顺利的人生。

而且，即使有人在慢慢体会着生活，但从"实际感受"的观点来看，他们并没有留心和别人进行对比、观察自己的步调是快还是慢。他们并没有进行过认真的思考，也没有思考过事情之所以能够顺利进行，是因为自己品味到了愉快的实际感受和能让人满足的积极感觉，而是认为这些都是理所当然、再平常不过了。

● 焦虑是因为总想要"领先一步"

焦虑的人的共同之处在于，"感受不到当下"，总是着眼于"领先一步"。

一位三十五六岁的女性，总是重复犯一些小错误。

她自己并不知道这是什么原因，即使总是提醒自己要注意，却总是马虎糊涂，改正不了错误。若是工作上的问题，或许可以说是因为自己紧张造成的。但是这种马虎错误，在她的个人生活中也常常发生。

我问她："您总是很焦虑吗？"

她否定地说："慢慢体会生活太浪费时间了，而且，我不认为这些小小的感受能产生自信。"

针对这种情况，我问了她几个问题。

比如在家休息时，洗衣服的同时会想着打扫房间吗？

或者，累到什么都不想做的时候，脑子里是否会想："我必须做那个，必须做这个，但是，这个也还没做？"

休息的时候是否会想："明天就上班了，但是那个工作还没有做完。"

而在上班时是否又会想："下次放假的时候做点什么呢？"

像这样，我问她："是否当下正做的事情和大脑里思考的事情，像是按错了完全不同的键，会出现错位？"

她点头回答说："确实是这样的。"

● 越是"活在当下"的人越不会焦虑

焦虑的人一直很焦虑。甚至可能连他们自己都意识不到自己在焦虑。

这是因为自己的意识之眼总是"领先一步"。

比如过马路，当交通信号变成红灯时，这就好像短跑比赛的起跑信号一样，他们会在焦急的情绪中等待着信号灯变绿。

信号灯变绿过马路时，他们会看向人行道的最前面。

离车站很近时，他们会看向闸机前面的自动扶梯。坐上扶梯上楼时，他们会看向进站的电车。

就像这样，仅仅是从家到车站的距离，他们也会提前看向下一步，焦虑就是这样产生的。

然而这种焦虑往往会导致错误和失败。

越是活在当下的人越不会焦虑。

过马路时，如果是红灯就稳稳地停下，停下来的时候，就把注意力转移到自己身上，你就会切实地感受到停下来的时候自己的心情是平静的。这时候呼吸也是缓慢而平静的。因为站着，所以身体也会很放松。

过马路的时候，你会看到两侧停下来的车。

坐扶梯时，感受自己脚下站立的感觉，还能从容地环顾周围。

你很少会慌忙地挤进地铁。或者不如说，从一开始自己就是按照不需要慌忙挤地铁的节奏和时间来安排行动的。

● 每个真实感受，都会为人生增添色彩

无论是消极的感受还是积极的感受，自己所感受到的每一种感受，都将成为点缀人生的设计图。用树木来比喻的话，主干和枝叶全部都是由自己的意识构成的。根据意识的强弱，有的意识像树根一样具有巨大的影响力，有的意识像枝叶一样部分地发挥着作用。

比如前面所提到的，"觉得自己没有从容、空闲的时间"，如果这种意识成了影响树木整体的"根"，就会使人始终在"焦虑"中生活。

同样，如果"经常失败"成为人生大树的根干，潜意识就会选择"经常失败"的选项，并带着自己朝着那个方向前进。

如果认为自己没有思考的能力成为人生的根干的话，潜

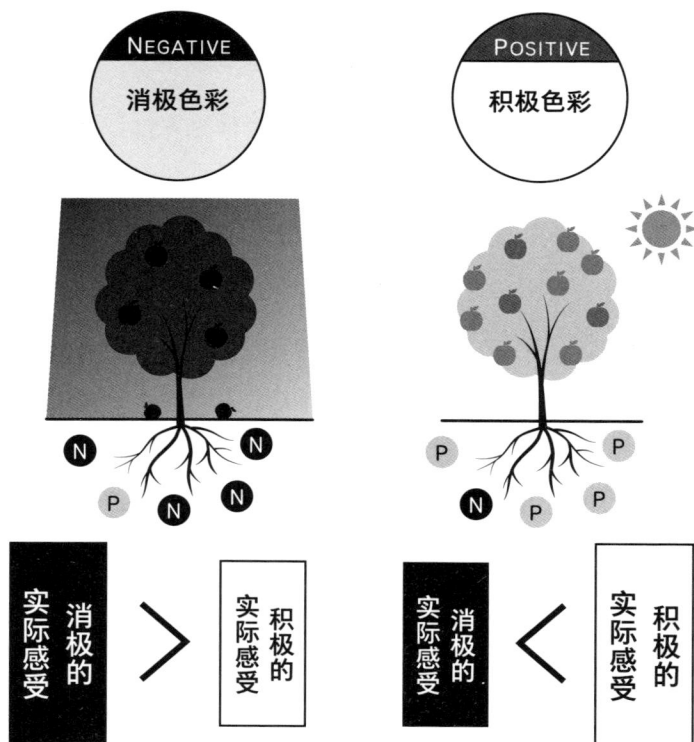

"实际感受"是为人生着色的设计图

NEGATIVE
消极色彩

POSITIVE
积极色彩

慢慢体会积极的实际感受，使人生
向好的方向发展

意识就会选择"不能发挥能力"的选项，其后果是会认为自己没有能力。

如果你总是迟到，在不断反复的过程中，迟到就会不断扎根，不久，"迟到"就会成为常态。

每个人都希望自己的人生能够越来越好，一旦出现了问题，就会为寻找解决方法而烦恼。

但如果难以改变现状，那么导致这个问题的主要原因在于"实际感觉"不够。

如果是这样，增加积极的感受，而不是增加那些以焦虑和不安为首的消极感受，或许就能够转变糟糕的现状，引导我们的人生向好的方向发展。

4 "焦虑"是潜意识发来的信号

● 放慢脚步，是达成目标的最短路径

只要慢慢体会眼前发生的事或自己正在做的事，就会产生愉悦感、充足感、满足感等积极的情绪。

前面提到过，如果把积极的感受作为意识的根基，自己的潜意识就会自然而然地做出积极的选择，并采取积极的行动。

比如，当我们的身边发生了许多事情的时候，如果你认为无论发生了 A、B、C、D 还是 E 问题，你都必须逐一解决，那你就会觉得事情未免太多了，就会感到晕头转向、没了主意。

然而，人的实际感觉并非如此。

从感情和心情的视角来看待各种情况,如果你对 A 情况感到焦虑,那么对 B、C、D、E 情况也同样会感到焦虑。

如果这种"焦虑"的感受引起了很多问题,那么只要慢慢地体会"焦虑"的实际感觉就足够了。

如果在 A 情况下你能够做到"慢慢体会",那么在 B、C、D、E 等情况下,你也同样能做到慢慢体会。

急则生败。

导致失败的原因就是"焦虑"。

所以如果你发现自己焦虑了,可以反过来理解为这是潜意识发出的信号,它在告诉你为了达成目标还"需要花费更多的时间"。

如果对现在想要做的事感到焦虑,那是你的潜意识通过焦虑的方式在告诉你:

"这件事不可能马上做到。"

如果真的想要成功,想要改正凡事领先一步的毛病,就要慢慢地、仔细地去体会自己正在做的"眼前事"。

不过,对于焦虑的人来说,放慢脚步做事,无疑会让他们觉得是在绕远路。

可事实上，放慢脚步，从容地品味积极的情绪和情感，才是切实达成目标的最短路径。

● 专注于感受当下，你就不会想太多

"思考"和"感受"不能两全。

思考的时候不会有实际的感受。

无论是感情还是人的感官，当注意力集中在感觉上时，思考就会停止。

想要做到"不慌不忙"是一件极其困难的事，但如果能集中精力去"感受"，就不会轻易胡思乱想。

"领先一步的习惯"，追根溯源，是思考造成的焦虑引起的。所以，如果能将注意力集中于实际感受上，焦虑就会减少，自然而然就不会想要"领先一步"了。

另外，实际感受的时间增加，思考的时间就会减少。

而且积极的感受增多，积极的思考也会随之增加，所以，"为了追上大家，必须加快脚步"，类似这种制造焦虑的想法也会不断减少。

无论如何，感受当下的最大好处是感受当下的分量增加了，思考的分量就会减少，从而就能减少对自己没用或者有

害的思考。而且如果能做到积极思考，自然而然就会做出积极的选择，就会使人生变得顺利，形成良性循环。

因此，**慢慢体会当下积极的情绪和情感，才是切实达成目标的最短路径。**

焦虑，

是你的内心发出的求救信号，它告诉你：

"达成目标还需要更多的时间。"

——与其担忧未来，不如专注于当下。

第 **7** 章

跟情绪做朋友，
把你的情绪变得有价值

1 你的思维方式是"数位思考"，还是"类比思考"？

● 数位思考让你看不到事情的全貌

如果过分受制于他人、周围环境和外部因素，就会不知不觉间陷入"以他人为中心"的认知中。

一旦"以他人为中心"，在需要做各种判断的时候，往往就会犹豫不决：

"是做好呢，还是不做好呢？"

简而言之，人之所以会犹豫，就是因为想得太多，执着于计较个人得失：

"自己如何选择才能获得更大的利益？"

我把这种根据得失进行判断的思维，叫作"数位思考"。这是一种典型的"以他人为中心"的认知模式。

但这并不是说不能以得失作为判断基准。人人都渴望幸福,都想得到更好的东西,这种欲望是值得鼓励的。

不过,**实际行动时,依靠"数位思考"做出判断,反而更容易造成损失。**

为什么呢?

因为人在计较得失时,会忽略自己的本心。

在"数位思考"下,人们只能看见表层的东西,如冰山一角,只能看见露出水面的冰,但在海里,还隐藏着几十倍、几百倍的冰。

想要看见冰山的全貌,就要用到"类比思考"。

● 类比思考把你从不安、痛苦中解救出来

数位思考是平面思维,类比思考是立体思维。

那么,如何才能立体地思考呢?

那就需要去"实际感觉"。

感知的方法本身有无数种,每种都可以提高我们的敏感度。

欲望、情感,包括身体的感觉,这些自己所能感受到的一切,都可以认为是潜意识发出的信号。

相信这种实际感觉,并在此基础上进行综合判断,这就

是"类比思考"。无论你是否意识到这种感觉的存在，它都能发挥绝对性的能量。

　　不管自己觉得获得了多少好处、占了多少便宜，如果在自我潜意识里"不想做""感到不安""感到痛苦""感到罪恶"，那么潜意识就会迅速采取行动来消除这些消极情绪。

　　其结果是，在单纯采用数位思考的人看来，自己的愿望并没有得到实现。不过对于潜意识中的自己来说，其实已经从"不安、苦痛、罪恶感"中解脱了出来，已然实现了自己的愿望。

"数位思考"和"类比思考"

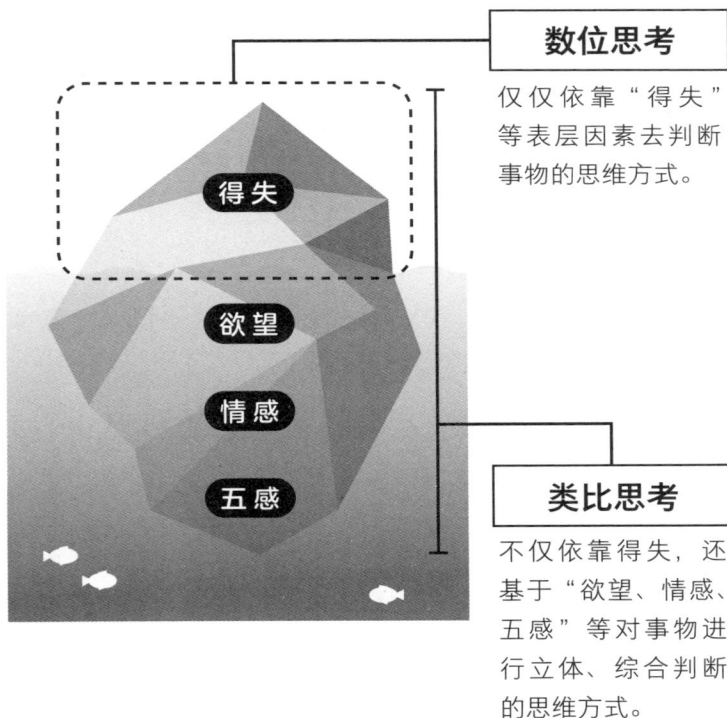

数位思考

仅仅依靠"得失"
等表层因素去判断
事物的思维方式。

得失

欲望

情感

五感

类比思考

不仅依靠得失，还
基于"欲望、情感、
五感"等对事物进
行立体、综合判断
的思维方式。

想要摆脱不安和痛苦，就要相信欲望、情感、
五感等"实际的感觉"

2 你为什么不爱整理房间?

● 真正喜欢的东西都会整理好

有些事看似简单、认为自己能轻松做到,却怎么也做不到,这背后隐藏着巨大的问题。

比如整理房间或其他零碎的物品时,"不会整理,不会收拾"等烦恼不过是冰山一角,其背后还隐藏着更大的问题。

电视上经常会播出有关垃圾处理问题的特别节目,这表明不会整理的人大有人在。

为什么很多人都不会整理,其原因是人们不关注自己的内心,或者自己的内心没有受到他人的重视。

也有不少人向我咨询孩子的教育问题。

"我家孩子把玩具扔得到处都是,也不收拾,到底该怎么办？"

丈夫下班回到家看到玩具扔得到处都是，还会责备妻子说："教孩子学会整理本来就是妈妈应该做的！"

丈夫认为自己赚钱养家、忙于工作，所以家里和孩子的事都应该由妻子来照顾。

但实际上，丈夫自己可能就是个不会整理的人。如果妈妈只是反复地命令孩子去整理，那么妈妈也可能就是一个不会整理的人。

因为如果父母会整理，那么从一开始就应该教会孩子如何整理。

比如说，如果是孩子非常想要的、自己挑选的玩具，他们就会非常爱惜。自己想要的东西，如果是用零花钱或做家务攒下的钱买的，就会更加珍惜吧。不用别人催着整理，因为自己既不想弄丢喜欢的东西，也不想借给别人，所以不等父母说，自己就会整理好。

古玩爱好者或收藏爱好者之所以会珍惜自己的收藏，也正是因为"喜欢"吧。

● 从"必须进行整理"的想法中走出来

如前面所言，之所以有人不会整理，是因为他们没有按照自己想法去做或不去做的权利。

他们只是被强迫去做，自己的想法没有得到尊重。

比起"整理物品，会使自己心情舒畅"，他们更主要是受缚于义务或责任而必须要将东西整理好，而绝非他们自己主动想要整理的。

不过，确实有人会产生疑问，觉得整理房间真的会成为烦恼吗？真的必须对家中的东西进行整理收纳吗？之所以会产生这样的烦恼，也是因为物品堆满狭窄的房间是如今很多家庭的现状。

如果住在宽敞的房间里，居住空间很大，就很少会为物品的收纳问题烦心了。不过许多普通的家庭并非如此。

有人会说，在这种环境下，还要每天整理好家里的东西，这不是强人所难吗？

事实上，在抱怨"孩子不会整理"的父母当中，有多少人其实自己也不会整理。

　　责备孩子"快收拾"的父亲和抱怨"我家孩子弄得到处都是也不收拾"的母亲，不也都是不会整理的人吗?

　　不如让我们从"必须进行整理"的想法当中走出来，去重视自己不会整理的现实，这才是真正的问题所在。

3 以自我为中心，
才能更好地爱自己

● 无法摆脱的童年伤害

近来，常常发生国家或地方的议员对秘书恶语相向、拳打脚踢的事件。只看这些议员的履历，会觉得他们都是品行端正、聪明能干又有威望的人。

而实际上，他们中的不少人都极为情绪化、性格暴躁，又粗鲁无知。

在家庭生活中，他们是情感没有得到重视、一味地听从父母、麻痹自己的内心、陷入了"以他人为中心"认知的人。

因此，他们看起来似乎很擅长逻辑思考，但事实上，他们的思考并没有跳出数位思考的框架，他们并不具备类比思考的能力。

在数位思考模式下，人们无法对未来进行全面的预测，同时受制于眼前的事物，所以会不考虑前因后果而鲁莽行事。

他们或许做梦也想不到，自己对他人不恰当的言行和刻薄的态度，其实都与自己孩童时代的家庭环境和成长过程密切相关。

也许他们也没有意识到，他们暴力伤害别人的真正原因在于自己对父母的愤怒和憎恨。

一般来说，假如自己暴力伤害了别人，其实就意味着自己也曾在家庭中受到过类似的对待。

也有些五六十岁，甚至七十多岁的人，至今还没有治愈过去的伤痛。不管他们如何面不改色地刻薄地对待别人，当他们面对父母时，却只会什么都不说，默默地顺从。

● 内心怀有消极情绪，就会想把报复心变为现实

请大家试着思考一个人即便到了五六十岁，甚至七十多岁，还会受到父母的影响，且无法摆脱。

我们的潜意识会优先考虑情感和实际感觉。无论自己打算如何冷静客观地进行判断，你的言行也都源于自己的深层

意识。

　　如果深层意识里有的是憎恶和怨恨，人就会从这个视角进行思考。自然，这时潜意识的目的就是实现这种憎恶和怨恨。

　　无论自己显意识中的理想多么崇高，即使自己决定要朝着这个目标前进，但如果内心深处怀有憎恶和怨恨的情绪，潜意识就会把恐怖的报复心变为现实。

　　比如对方出于好意为我们做了些什么。

　　如果自己的意识深处怀有强烈的憎恶或怨恨，就只会以这样的视角来看待事物，感知不到他人的善意，甚至可能会怀疑别人是不是要陷害自己，对他人充满了不信任感，还可能会说："他一定是有所企图的。"

　　就算是自己为别人花心思做事也是一样的。

　　只要对方没有按自己所期望的那样给予回应，就会觉得自己受到了伤害，或许还有可能会因此感到生气：

　　"我这么用心对你，你这是什么态度！"

　　自己越用心，就越希望对方给予更多的回报，不然自己的好意就容易转变成憎恶或怨恨。

　　像这样不信任他人，对他人抱有消极情绪的人随处可见。而自己则按自己的想法，把自己引上了一条充满憎恶和怨恨的道路。

这不是个例，很多人心里都怀有消极情绪，只要一有机会就会向别人发泄这种强烈的情绪。

"必须要以某个人为目标，集中火力进行攻击。"

越是身处这样的社会环境中，能成为自己心灵依靠的就越是我们自己。

也许这个时代正在悄然地发生着变化：如果你不能以自我为中心、将自己的内心作为基准，就越不能守护自己。

4 没有情绪和五感，
活着便失去了意义

● 世上没有了情绪，会怎样？

在"以自我为中心"的心理学中，不仅要重视"情绪、情感"，也要重视包括"五感"在内的感受。

偶尔，我会听到有人说：

"不想受到伤害，所以情感什么的，还是感受不到比较好。"

然后又说：

"我渴望得到幸福。"

然而他并没有意识到自己的话前后矛盾。

接下来让我们想象一个"没有情感"的世界吧。

首先，没有情感意味着不仅感受不到消极情绪，也感受不到积极情绪。

的确，如果感受不到消极情绪，那么无论对方如何苛待自己也不会觉得受伤。

即使失去了对自己来说很重要的人，也不会感到痛苦。因为以前也没有觉得对方对自己多重要，所以也就没有对自己来说很重要的人。

即使孤独地活着，也不会感到寂寞。

可能有人会认为，这样的人似乎不会陷入消极的情绪当中，所以"他们很轻松啊"。

但是重点在于，在这样的世界中也感受不到积极的情绪。即使对方对自己很体贴，也不会感到高兴，更不会感激。

即使有人爱着自己也感觉不到。即使对方说"我爱你"，也不会感到幸福和喜悦。

即使在谈话中彼此心灵相通，也感觉不到温暖和满足。对感受不到积极情绪的自己而言，和别人在一起也没有任何意义，内心世界一片荒凉、乏味、苍白。

不必问自己"为什么而活"，因为对他来说或许已经没有了活着的理由和意义。

● 世上没有了五感，又会怎样？

现在，让我们来想象一个没有五感的世界。

对我们来说，五感能够分别感受到各种感觉。没有了五感，就意味着失去了味觉、嗅觉、视觉、触觉、听觉。身处一个被隔绝了一切感觉的世界。

不知道臭、脏、热、冷、痛。

不知寒和暑。

意识不到自己身体不好。

意识不到自己受伤或被烧伤。

不知道食物已经变质。

吃不出水果的味道。

无法沉浸于美妙的音乐中。

即使看到富有创意性的画作，也不会为之所动。

即使身处大自然，立于山巅，也不会产生感动去赞叹景色是何等的壮观。

这样，恐怕就再也不会有人说"还是感受不到为好"这种话了吧。

许多人之所以会觉得感情麻烦，是因为他们还没有培养出积极地去感受日常生活中各种场景的敏锐感觉。

不过，生活中被喜悦感、满足感、幸福感所包围，不正是因为人们通过情绪、五感品味到了积极的感觉吗？

● 情绪是"自己的守护神"

不仅如此，"感受"还有更重要的意义。

之所以这么说是因为，情绪、五感是"自我保护的工具"，而且这种传感器可以说是"自我的守护神"，非常值得信赖。

无视自身情绪的人，甚至不会相信这些情绪传感器的存在，因此他们不知道自己该依靠什么做判断，他们对自己的判断没有自信，往往容易听信他人的判断，听从他人的意见。

像这种依赖他人做出的选择，很容易出现判断错误，因为你只是盲目相信"别人的话"，而不是了解"别人的心"。

比如对方说"在某月某日之前，我一定守约"。

在约定日期到来之前，虽然自己偶尔也有过疑问，但还是会努力相信对方的话，继续等待。

结果到了约定日期，对方却没能守约，但如果对方找出很多理由，那么他也还是会相信对方。

即使后来对方突然失联，就算不知道对方身在何处，还是愿意选择相信对方的话。

看看自己的内心，即使已经确定自己被骗，也还是会相信对方的话，并尝试着打消自己的疑虑：

"可那个人都说'一定守约'了啊。"

其实自己也心知肚明对方不会守约，但是就是不愿意承认。因为承认了就会遭遇更可怕的事，那就是要承受被抛弃的恐怖和绝望的心情。

想从这种恐惧中转移自己的注意力，因此还会对对方的话抱有一丝希望。

这样依赖的后果，就是当完全明白对方说的都是谎言时，已然陷入无路可退的境地了。

● 相信自己的"感觉"，才能保护自己

相信自己内心感觉的人，他们不会轻易相信别人的话，而是相信自己的"感觉"。

实际上如果你能关注一下自己是如何感知对方的话语的，就能够了解对方的内心。

情绪、五感是"自己的守护神"

如果能够通过情绪、五感品味积极的感觉，
就能得到满足感和幸福感

对方的话是如何影响自己内心的呢?

即使对方是自己不太了解的人,他的话对自己内心产生的是积极影响,还是消极影响呢?我们还是能感受到这两者之间的不同的。

对方说这话时,是抱着怎样的心理呢?话里面是否饱含诚意和坦诚的感觉呢?

如果自己内心闪过不信任、敷衍、伪装等疑虑,这可能是因为你自己感受到了对方的意识。

虽然说人的感知传感器并非百分之百正确,但**至少比起对方的话,自己的"感知传感器"还是要可靠得多。**

我们不仅能感受到自己的思想、情感和心情,也能感受到对方的想法。但是有些人的传感器并没有在工作,而越是打磨这种感觉传感器,其精度就会越高。

如果平时就注重打磨自己的传感器,那么在许多麻烦发生之前,就能提前引起自己注意并采取对策。

相信自己的感觉,做出判断,然后行动。

如果相信自己的感觉,事情就会变得非常简单。这样做,最后的结果是在保护我们自己。

5 跟情绪做朋友，
你会更爱自己

● 把握节奏，不慌不忙地前进

平淡的日常生活中，蕴含着我们对自己的"爱"。

比如，你想要以 ×× 为主题写一本书。感受着"想要"的愿望，又想象着完成后的作品，一定很幸福吧。

一本书，大约要写 200 页的原稿。而回到现实，会在心里嘀咕"我写得出 200 页吗"，于是内心产生不安的感觉。如果再加上严格的限制，截止日期前必须要写完，压力则会更大。

到了这一阶段，兴奋或者不安，各种情绪和情感都交织在一起。

这时，确定几个月内写完原稿，或者再具体点，比如一个月写完三章，如果有了这种认真的态度，自然就会干劲十足。

如果根据时间表去确定写作计划，就会倍感安心。

先大致估计一下全部内容，然后进一步计划，比如一周写几页，有一个整体的把握，就会更加安心。真正动笔时，如果觉得累了，不要硬撑，要时不时地休息二三十分钟。

这样推进下去，完成了一周的计划页数，就会觉得松了一口气。如果来了兴致，超额完成计划，内心一定会感到很满足。

如果实在写不下去，即使完不成每天计划的任务量，也不要勉强自己。能够决定"今天不做了"，也应该为自己感到自豪。

在写作过程中，发生无法预测的事或不合常规的情况，专注力会急转直下，对此要做好心理准备。

由于这种问题导致进展缓慢，内心就会感到焦虑。但是心里明白就算焦虑也无济于事，所以不如索性"停笔几天"。虽然暂时停笔，但随着问题的解决，心态得到调整，就会发现自己的心思又回到了写作上。

像这样，每天按照自己的心情，把握写作节奏，就能坚持下去。

● 调动所有情绪"活在当下"，你就能感受到爱

调动自己所有的情绪、五感，去品味自己当下的体验，
这便是"活在当下"。

活在当下，并时常根据自己的内心做出选择，就会感到
充实和满足。

**感受到满足和幸福等积极情绪或情感时，便是做到了
"心行合一"。**

同时也可以说这是一种"爱自己的状态"。

做自己喜欢的事，感受高兴、愉快、兴奋等积极情感或
情绪时，那也是在爱我们自己。

和别人在一起，当自己沉浸在高兴、喜悦等满足和幸福
里的时候，这同时也是在爱自己。

即使有人给予我们百分之百的爱，但如果我们爱自己的
感觉只有百分之十，那么，对我们自己来说也就只有百分之
十的爱。

如果有人给予我们百分之百的爱，但如果感受到的程度
是百分之两百，那么，我们就能感受到对方两倍的爱。

■ 情绪是为了让我们更"爱自己"而发出的信号

关注和体会到自己的"感受"，要做到这一点要花费很多时间。

为了适应快节奏的现代生活，人们常常感到焦虑，常常只在乎结果。于他们而言，情绪也好、感觉也罢，"品味和感受"都是在浪费时间，很麻烦。但如果懈怠于此的话，自己的情感或情绪就会充满消极的实际感受。

实际感受以你是否爱自己作为标准。

如果"现在"内心充满消极的情感或情绪，就是"不爱自己"的表现。如果"现在"内心充满积极的情感或情绪，就是"爱自己"的表现。

从这个意义上来说，我们**自己感受到的情绪，无论是积极情绪还是消极情绪，都是潜意识为了让我们更爱自己发出的信号。**

个人的情绪是积极的，还是消极的，决定着一个人会拥有积极的人生还是消极的人生。

正如前面所说的，如果把意识涂上积极的色彩，就足以使我们自由自在地生活下去。

渴望走向成功，就能获得自己祈望的成功。

渴望得到幸福，就能获得自己想要的幸福。

品味着每一日的"小确幸"，幸福与成功就会从对面向我们奔来。

真理，总是让人感到意外，是那么的简明而质朴。

所有的情绪，

都是你的内心发出的信号，它在告诉你：

"要爱自己。"

——去体会身边的小确幸，就能收获幸福。